聖書朝鮮 색인

聖書朝鮮 색인

김교신선생기념사업회

홍성사

1. 페이지 숫자 표기

ㄱ. 색인어가 실린 페이지는 '호수(號數)-페이지 숫자'로 표기했다. 페이지 숫자는 영인
본 각 호의 면 아래쪽에 한자로 표시된 숫자다. 예) 3-2

ㄴ. 영인본 1페이지 오른쪽, 즉 표지 다음 페이지에 있는 색인어의 페이지 숫자는 0으로
표기했다. 예) 125-0

ㄷ. 영인본 각 호 뒤쪽에 페이지가 명시되어 있지 않은 곳은, 페이지 표시가 되어 있는
마지막 페이지 숫자에 이어서 숫자를 매겨 표기했다. 예) 157호의 경우 26쪽으로 되어 있는
데, 페이지 숫자가 24쪽까지만 나타나 있어, 이후 것은 157-25, 157-26 등으로 표기.

ㄹ. 페이지 숫자가 셋 이상 이어질 경우, 일반적으로는 1-3, 11-15와 같이 표기하나,
ㄱ과 구분하기 위하여 이 책에서는 1~3 등 물결 모양 약물로 표기했다. 예) 72-5~8

2. 인명

ㄱ. 한 사람을 가리키는 말이 여럿일 경우, 표제어 뒤에 실제 표기된 말들을 열거했다.
예) 함석헌(咸錫憲), 함선생, 함선생님, 함형, 석헌/ 사토미 야스키치(里見安吉), 사토미 선생, 사토미 형

ㄴ. 호(號)만 명시된 경우, 해당 인물의 실제 이름에서 색인 페이지를 찾아볼 수 있게 했
다. 예) 남강(南崗)선생 → 이승훈(李昇薰)

ㄷ. 외국 인명 가운데 풀네임이 확인되지 않아 누구를 가리키는지 명확치 않은 경우, 원
문에 있는 대로 표기하거나 성(姓)만 나타냈다. 확인되지 않은 인명의 경우 한글로
만 나타낸 것도 있다. 예) 다나베(田邊)/ 모니카(Monica)/ 델리치, 델리취

ㄹ. 중국인의 경우 현지 발음대로 표기하지 않고 우리식 한자 발음으로 표기했다. 단, 왕
지아청(王嘉城)의 경우는 현지 발음대로 표제어를 나타냈으며, 본문에 표시되어 있
는 (실제와 다른) 발음은 괄호 안에 나타냈다. 예) 왕지아청(王嘉城, 왕지와청)

ㅁ. 한 사람을 나타내는 이름이 둘 이상일 경우, 널리 통용되는 이름으로 표제어를 나타
냈다. 예) 공부자(孔夫子) → 공자(孔子)

ㅂ. 서양 인명의 경우, 외래어 표기법에 따른 한글 표기와 괄호 안 영문 철자로 표기하고, 영인본에서 통일되지 않게 표기된 것들을 함께 나타냈다. 예) 롱펠로우(H. W. Longfellow), 롱페로-, 롱펠로, 롱펠로-

ㅅ. 영인본에서 거의 대부분의 서양 인명 표기는 오늘날과 다를뿐더러 표기가 통일되어 있지 않은데, 오늘날 표기와 현저히 다를 경우 다음과 같이 해당 표제어를 나타냈다. 예) 굿즈라푸 → 귀츨라프(K. F. Gützlaff)/ 쭈링크리 → 츠빙글리(H. Zwingli)

ㅇ. 특이한 한자어로 서양인의 이름이 표기된 경우, 다음과 같이 해당 표제어를 나타냈다. 예) 사옹(沙翁) → 셰익스피어(W. Shakespeare)/ 아력산대왕(亞歷山大王) → 알렉산드로스 대왕(Alexandros the Great)

ㅂ. 같은 인명이 다른 사람을 나타낼 경우, 식별을 위해 괄호 안에 필요한 사항을 명시했다. 예) 고종(高宗, 고려)-고종(高宗, 조선)

3. 지명

ㄱ. 중국과 일본의 지명의 표제어는 일본의 경우 현지 발음으로, 중국의 경우는 우리식 한자 발음으로 표기했다. 단, '합이빈(哈爾濱)'은 '하얼빈'으로, '위해(威海)'는 '웨이하이'로 표기했다.

ㄴ. 중국 지명의 경우, 오늘날과 다른 지명이라도 원문대로 표기했다. 예) 신경(新京), 봉천(奉天)의 경우, 각각 '장춘', '심양'으로 따로 표제어를 설정하지 않았다.

ㄷ. 서양 지명의 경우, 외래어 표기법에 따른 한글 표기와 괄호 안 영문 철자로 표기하고, 영인본에서 표기된 것들을 함께 나타냈다. 예) 필라델피아(Philadelphia), 필라델퓌아

ㄹ. 오늘날 통용되지 않는 한자어나 발음으로 표기된 경우에는 다음과 같이 오늘날 통용되는 표제어를 나타냈다. 예) 아불리가(阿弗利加) → 아프리카/ 정말(丁抹) → 덴마크/ 빽킹감궁전 → 버킹엄(Buckingham) 궁전

ㅁ. 같은 지명이 다른 곳을 나타내거나, 식별을 위해 필요한 경우 괄호 안에 필요한 사항을 명시했다. 예) 남대문(南大門, 개성)-남대문(南大門, 서울)/ 서리(西里, 강원도 고성군)

4. 저서명과 그 외 작품을 가리키는 이름

ㄱ. 단행본 저서는《 》로 나타내고, 단행본 외의 책 및 그 외의 인쇄물(신문, 잡지, 글 이름 등), 인쇄물 외의 작품명 등은〈 〉로 나타냈다.

ㄴ. 서양 저자들의 저서에서 오늘날 통용되는 표기와 달리 표기된 경우, 표제어 뒤에 함께 나타냈다. 예)《프로테스탄트의 정신》,《무로테스탄트의 정신》

5. 역사적 사건 기타

오늘날 통용되지 않는 한자어나 발음으로 표기된 것들은 원문대로 표기하고 다음과 같이 해당 표제어를 명시했다. 예) 지나사변(支那事變) → 중일전쟁/ 불국(佛國)혁명 → 프랑스혁명

6. 색인어에서 제외한 것들

영인본 각 호 표지의 목차와 맨 뒤페이지 아래 판권면에 있는 낱말, 성경 관련 인명과 지명, '북미'·'아시아'·'유럽' 등 대륙을 나타내는 광범위한 지역명, 찬송가 제목 등은 색인어에서 제외했다. 인명 가운데 '김교신(金敎臣)'도 제외했다.

ㄱ

가가와 도요히코(賀川豊彦), 가가와(賀川) 77-16, 131-23, 132-21, 133-9, 136-23

가고초(駕籠町) 127-26

가교회(假敎會) 88-0

가나자와 쓰네오(金澤常雄) 19-14

가나타(加奈陀) → 캐나다(Canada)

가노 지고로(嘉納治五郎), 가노(嘉納) 95-0

가덕도(加德島) 62-20

가목사(佳木斯) 140-23

가부키좌(歌舞技座) 83-24

가브리엘(Gabriel, 에반젤린의 연인), 가부리엘 64-4~6

가스미가세키(霞ヶ關) 121-22

가시와기(柏木) 20-24, 35-0

가시와기(柏木) 댁 17-17

가시와기(柏木) 집회 19-3, 20

〈가신(嘉信)〉 118-14, 119-21, 24, 120-18, 131-20, 132-2, 136-22, 137-17, 26, 140-23, 143-23

가와카미 후미오(川上文雄) 80-25

가주(加州) → 캘리포니아(California), 캘리포니아 주(州)

가주리(加州李) → 캘리포니아 서양배

가지가와 요시히코(梶川吉彦) 135-24

가타야마 데츠(片山徹), 가타야마(片山) 83-23, 24, 84-23, 87-22, 146-23

가톨릭(Catholic), 가톨릭교, 카도릭, 캬소릭, 캬소릭교, 카토릭, 캐톨릭 7-36, 20-10, 74-25, 80-5~8, 82-23, 24, 93-2, 123-7, 10, 124-12, 125-20, 26, 126-7, 16, 17, 26, 127-22, 26, 128-10, 26, 130-15, 132-26, 133-26, 134-15, 136-3, 13, 137-16, 138-4, 140-6

가톨릭주의(Catholicism), 캐솔릭주의 36-5

가평(加平, 경기도) 129-24, 25

가평(加平, 함흥) 138-23

가평역(加平驛, 경기도) 129-23

간나메사이(神嘗祭) 95-20, 131-21

간다 다테오(神田盾夫) 88-26

6

간다(神田) 83-24

간다교회(神田教會) 136-22

간다 구(神田區) 77-10

간도(間島) 46-0, 72-4, 73-3

간디(M. Gandhi), 간듸 22-24, 25-18, 123-1, 2

간사이(關西) 134-20

간사이대학 신학부(關西大學神學部) 91-25

간사이대학(關西大學) 79-23

간토(關東) 134-20

갈리아(Gallia) 46-20

갈릴레오(Galileo) 90-7, 91-21

갈산면(葛山面) 151-25

갈톤 → 골턴(Sir F. Galton)

감곡(歛谷) 35-25

감리교(監理敎), 감(監), 감리교파(監理敎派), 감리파(監理派) 37-18, 45-25, 46-
        0, 72-2, 74-0, 75-1, 2, 21, 23, 76-0, 78-2, 80-23, 83-2, 120-3, 125-
        20, 126-16, 23, 127-22, 130-19, 132-14, 133-2, 136-1, 140-26

감리교신학교(監理敎神學校) → 협성신학교(協成神學校)

감리교회(監理敎會) 19-17, 86-2, 88-0, 14, 93-1

감만동(戡蠻洞, 부산 남구) 87-25, 88-10

감만동교회(戡蠻洞敎會) 88-10

감정동(甘井洞) 86-10

갑신정변(甲申政變) 80-10

갑오개혁(甲午改革) 80-10

갑오경장(甲午更張) → 갑오개혁(甲午改革)

갑자사화(甲子士禍) 76-5

강감찬(姜邯贊) 65-9, 69-25, 71-8, 72-7

강경(江景) 140-23

강계(江界) 141-23, 24

《강계지(疆界誌)》 79-6

강구(江口) 58-25

강남(江南, 중국) 72-3

〈강남의 진중에서(江南の陣中より)〉 107-20

강마영(姜萬英) 38-26

강밀봉(江密峯) 144-23

강서고분(江西古墳) 82-8, 142-19

강서읍(江西邑), 강서(江西) 142-19

강서청년학교(江西靑年學校) 142-19

강영완(姜永琓) 133-24

강원도(江原道) 120-24, 121-19, 20, 135-24, 151-25

강원수(姜元秀) 120-12, 23, 24

강제건(姜濟建), 강노인(姜老人), 강선생(姜先生), 강조사(姜助事) 70-17, 70-20, 71-8, 21, 72-9, 10, 73-8, 13, 74-20, 76-8, 79-6, 81-3, 82-11, 24, 83-14, 22, 84-20, 85-14, 24, 87-11, 88-7, 89-9, 89-15, 91-13, 92-9, 93-15, 95-15, 96-11, 98-19, 99-11, 13, 100-1, 101-15, 107-19,108-11, 110-16, 111-25, 112-5, 7, 13, 123-26, 156-18

강태공(姜太公) 54-1

강호(江戶) → 에도(江戶)

강홍립(姜弘立) 78-5

강화군(江華郡), 강화(江華) 59-26, 61-26

강화도(江華島) 62-19, 25, 72-9, 78-5, 6, 126-21

강화읍(江華邑) 103-20

강화주문도(江華注文島) 59-25

강희(康熙) 79-4

개러트 스티얼리, 깨러트 스티얼리, 깨러트 스틔얼리, 깨러트 137-12, 139-14, 15, 140-15~20, 141-11, 143-18, 147-14, 156-7

개마고원(蓋馬高原), 개마고대(蓋馬高臺), 개마고지(蓋馬高地) 28-25, 74-3, 84-24, 91-23, 94-25

개벽사(開闢社) 35-25

〈개변생활(改變生活)〉 140-20

개봉리(開峰里) 40-25, 41-25

개성(開城), 개성부(開城府) 57-17, 69-23, 116-25, 121-25, 124-23, 125-24, 129-9, 131-23, 132-22, 134-22, 137-21, 139-23, 141-20, 153-25, 154-16, 155-11, 156-15

개성역(開城驛) 94-20

개성 인삼관(人蔘館) 125-24

개인주의(個人主義) 87-6~8, 127-10, 142-16

개천(价川) 21-24

개혁회의(改革會議) 86-14

객관적 기독교(客觀的 基督教) 93-1, 25

객관적 신앙(客觀的 信仰) 93-1

갠지스(Ganges), 갠지스 강, 갠지스 하(河), 간지사 38-7, 50-14, 92-6

갱생원(更生園, 소록도) 157-19

거금도(巨金島) 62-20

거라대(車羅大) 72-8

거란(契丹) 70-10, 71-5, 72-3~5, 7, 8, 79-6

거문도(巨文島) 62-20

거제(巨濟), 거제도(巨濟島) 62-18, 20

거짓예언자당(豫言者黨) 13-7

건국대학(建國大學) 139-23

건륭(乾隆) 79-4

건장궁(建章宮) 17-20

걸쉬여스 → 켈수스(Celsus)

검산(劍山, 산성) 78-5

게르만(German), 게르만인, 게르만족 11-12, 16-19, 29-13

게이오대학(慶應大學) 142-13

게일(J. S. Gale) 100-7

게젤(Gezer, 유적지), 게-젤 66-18, 70-13

게-테, 게-데 → 괴테(J. W. von Goethe)

격별비열도(格別飛列島) 62-19 *'격렬비열도(格列飛列島)'의 오자.

견우(牽牛) 127-23

견유학파(犬儒學派) 13-20

견지동(堅志洞) 48-26, 91-24

견지의원(堅志醫院) 126-25

견훤(甄萱) 71-4

경국사(慶國寺) 142-25

경기노회(京畿老會) 88-24, 93-21

경기도(京畿道) 65-4, 79-21, 90-26, 91-26, 128-9, 25, 129-23, 130-21, 137-24, 142-8, 149-4

9

경기도교육회(京畿道教育會) 142-24

경기도청(京畿道廳), 도청(道廳) 128-20, 131-21, 132-20, 133-7, 134-22, 135-
20, 137-19, 139-22

경기중학교(京畿中學校), 경기중학(京畿中學), 경기공립중학교(京畿公立中學校)
134-21, 141-22, 23, 142-22, 143-20, 23

경남노회(慶南老會) 84-23

경대승(慶大升) 72-8

《경도잡지(京都雜誌)》 79-6

경무국(警務局) 43-25, 78-28, 80-21, 90-1, 92-24

경무국도서과(警務局圖書課) 87-19, 91-23, 94-22

경보관(京寶館) 143-19

경부선(京釜線) 131-22, 153-26

경산(慶山) 144-16

경산군(慶山郡) 142-8

경상남도(慶尙南道), 경남(慶南) 43-1, 43-2, 43-3, 46-25, 56-23, 60-7, 76-12,
77-12, 78-1, 85-24, 87-22, 125-19, 127-25, 141-23, 24, 143-23, 151-
25

경상도(慶尙道) 46-0

경상북도(慶尙北道), 경북(慶北) 54-25, 57-17, 24, 60-7, 74-23, 95-22, 121-20,
142-8

경성(京城), 경성시(京城市), 경(京) 9-25, 21-23. 23-20, 24-25, 25-25, 26-25,
27-25, 28-25, 29-25, 30-25, 31-25, 32-25, 33-25, 34-25, 35-25, 36-
18, 25, 37-19, 26, 38-25, 26, 39-25, 26, 40-26, 41-25, 42-26, 43-26,
44-26, 45-25, 26, 46-26, 47-26, 48-26, 49-25, 50-24, 51-26, 52-0,
26, 54-19, 24, 26, 57-23, 24, 61-11, 62-21, 26, 65-4, 66-14, 67-24,
69-21~23, 84-20, 72-6, 8, 17, 73-4, 25, 26, 74-21~23, 26, 75-1, 2, 17,
21, 22, 77-11~13, 78-6, 7, 20, 21, 79-21, 80-8, 22, 81-0, 2, 19, 23, 25,
26, 82-2, 15, 22, 23, 25, 26, 83-23, 25, 85-0, 88-0, 26, 90-1, 22, 23,
26, 91-24, 26, 93-21, 25, 26, 94-22, 25, 95-24, 96-0, 21, 98-0, 108-
17, 120-17, 18, 21, 26, 121-13, 19, 20, 23, 122-7, 19, 20, 22, 124-17, 18,
21, 26, 125-20, 23, 26, 126-19, 21, 25, 26, 127-16, 17, 26, 128-2, 20,
24, 25, 129-21, 130-2, 8, 19, 21, 24~26, 131-2, 22, 23, 132-2, 20, 22,
24, 133-22, 134-21, 23, 26, 135-20, 24, 26, 136-1, 23~25, 137-16, 23,

26, 138-19, 22, 24, 139-4, 20, 23, 25, 26, 139-25, 26, 140-3, 9, 20, 21,

23, 26, 141-19, 20, 23, 142-3, 4, 9, 11, 18, 19, 22~25, 143-20, 24, 26,

144-15, 19, 28, 145-17, 151-25

경성감옥(京城監獄) 17-23

경성교문관(京城敎文館) 145-10

경성기독교청년회(京城基督敎靑年會) 134-26, 135-20, 23, 24, 136-23, 137-26,

139-20, 26, 140-22, 142-18

경성노회(京城老會) 93-21

경성농업학교(京城農業學校) 67-23

경성대(京城大) → 경성제국대학(京城帝國大學)

경성박물교수연구회(京城博物敎授硏究會) 90-25

경성박물교원회(京城博物敎員會) 81-19, 128-25

경성부(京城府) 19-21, 89-25, 90-26, 91-26, 93-0, 147-25, 151-25, 26, 153-25,

154-26, 155-26, 156-26

경성부청(京城府廳) 126-20

경성사범학교(京城師範學校) 78-21, 90-25, 134-21, 142-8, 23

경성성서연구회(京城聖書硏究會), 성서연구회(聖書硏究會) 22-25, 23-25, 40-26,

45-26, 50-25, 51-26, 72-25, 73-11, 23, 24, 75-25, 26, 76-26, 77-20,

78-19, 22, 26, 27, 30, 79-21, 28, 80-26, 81-18, 26, 82-26, 83-21, 26,

85-26, 86-30, 87-26, 88-26, 89-26, 90-26, 91-26, 92-26, 93-26, 94-

26, 95-26, 120-26, 121-24, 122-7, 17, 25, 123-26, 124-19, 26, 125-

26, 126-26, 127-17, 130-26, 131-2, 26, 132-2, 6, 26, 133-26, 134-26,

135-26, 136-26, 139-1, 25, 26, 140-26, 143-26, 144-28, 147-25, 151-

26, 153-26, 154-26, 155-26, 156-26

경성세무서(京城稅務署) 145-21

경성신사(京城神社) 106-23, 25

경성실과상공학원(京城實科商工學院), 실과상공학원(實科商工學院) 18-24, 25

경성어시장(京城漁市場) 57-20

경성역(京城驛) 17-24, 52-16, 57-17, 58-14, 62-25, 63-0, 94-15, 20, 121-21,

24, 122-16, 23, 125-19, 24, 126-22, 129-24, 132-23, 24, 135-24, 136-

25, 137-24, 138-22, 139-20, 140-24, 26, 141-19, 144-18, 145-20, 23

경성우편국(京城郵便局) 91-24, 92-24

경성운동장(京城運動場) 68-23, 83-21, 89-23, 126-25, 127-23

경성의학전문학교 부속의원(京城醫學專門學校 附屬醫院), 의전병원(醫專病院) 120-23, 26

〈경성일보(京城日報)〉 91-22

경성제국대학(京城帝國大學), 경성제대(京城帝大) 53-25, 126-25

경성제국대학예과(京城帝國大學豫科), 경성제대예과(京城帝大豫科) 90-17, 18

경성제대병원(京城帝大病院), 제대병원(帝大病院), 제대의원(帝大醫院) 17-9, 24, 126-25, 131-25

경성제대의학부(京城帝大醫學部) 95-21

경성제일고등보통학교(京城第一高等普通學校), 제일고보(第一高普) 78-28

경성지방법원(京城地方法院) 120-21

경성체신분장국(京城遞信分掌局) 91-22

경성축구단(京城蹴球團) 74-22

경성측후소(京城測候所) 128-20

경성치과의전(京城齒科醫專) 77-18

경성호텔 126-20, 134-26, 135-25, 141-25, 26, 146-25, 147-25

《경세유표(經世遺表)》 79-6

경술합병(庚戌合倂) 80-10

경신학교(儆新學校), 경신(儆新) 95-25, 127-22

경우선생(耕牛先生) → 류영모(柳永模)

경원군(慶源郡) 73-24

경원선(京元線) 72-21, 128-24, 150-4, 25

경의선(京義線) 37-26, 80-20, 137-23, 141-25, 145-20

경의전(京醫專) → 경성제국대학예과(京城帝國大學豫科)

경인선(京仁線) 22-25, 37-25, 40-25, 50-23, 73-11, 94-26, 95-26, 149-4

《경제학원리(經濟學原理)》 67-12

경주(慶州) 23-21~23, 57-19, 60-2, 62-21, 70-9, 82-8, 24, 25, 88-24, 124-17, 136-25, 142-19

경주고적보존회(慶州古跡保存會) 23-21

경주역(慶州驛) 23-20

경중노회(京中老會) 93-21, 96-2

경춘선(京春線), 경춘철도(京春鐵道) 127-25, 128-25, 129-23~25

경학원(經學院, 성균관成均館) 124-24

경향서점(京鄕書店) 124-20

경흥(慶興) 37-25

계관산(鷄冠山) 94-16

계룡산(鷄龍山) 27-19

계림(鷄林) 23-21

계명학원(啓明學院) 37-24, 40-25

계몽사상(啓蒙思想) 15-7

계백(階伯) 73-6

계성학교(啓星學校) 82-24

고구려(高句麗) 61-10, 66-6, 67-5~7, 68-3, 69-10, 70-3~9, 11, 71-5, 72-3, 4,
      73-4, 5, 7, 8, 76-8, 79-6, 81-24, 82-8, 94-16

고구려성지(高句麗城址) 94-18

고국천왕(故國川王) 67-6

고군산군도(古群山群島) 62-19

고금도(古今島) 62-20

고노에 후미마로(近衛文麿), 고노에(近衛) 139-21, 22

고농(高農) → 수원고등농림학교(水原高等農林學校)

고농(高農) 수박 149-2

고니시 유키나가(小西行長) 80-5

고다베리 50-14 *인도의 강

고데(Frédéric L. Godet), 고-데, 고-데- 3-2, 9-2, 10-7, 12-6, 7, 13-18, 14-8,
      16-20, 36-25, 55-26

고등농림학교(高等農林學校) → 수원고등농림학교(水原高等農林學校)

고등비평(高等批評), 고등비판(高等批判) 38-7

고딕(Gothic) 82-8

고랑서(鼓浪嶼) 126-22

고려(高麗), 고려국(高麗國) 25-18, 71-3, 7, 8, 72-5~8, 11, 73-3, 5~8, 26, 74-
      3~6, 23, 26, 72-5, 73-26, 74-3, 26, 75-4, 8, 26, 76-8, 26, 77-20, 78-
      30, 79-5, 28, 81-26, 82-5, 7, 8, 26, 83-26

고려문(高麗門) 94-19

고려자기(高麗瓷器) 72-7

고려호텔 127-23

고무산(古茂山) 92-24

《고문진보(古文眞寶)》 145-19

고방산(高防山) 21 24

고베(神戶) 19-22, 20-24, 42-25, 127-23

고비사막 5-34, 72-8

고생대(古生代) 93-6, 94-9, 11, 13

고성(高城), 고성군(高城郡), 고성읍(高城邑) 35-25, 72-21, 81-19, 151-25

고양군(高陽郡) 19-21, 90-26, 91-26

고영창(高永昌) 72-4

고읍(古邑) 37-26, 74-18, 98-19

고읍역(古邑驛) 9-24, 20-26, 94-19, 139-9

고이시카와 구(小石川區) 127-26

고전어학연구회(古典語學研究會) 144-28, 146-25, 147-25

고정적불변자(固定的不變者) 88-5

고종(高宗, 고려) 72-8, 73-8

고종(高宗, 조선) 80-8

고주몽(高朱蒙) → 주몽(朱蒙)

고지마 분스케(小島文助) 133-24

고창고등보통학교(高敞高等普通學校), 고창고보(高敞高普) 73-23, 74-24, 88-23,
          93-26

고창군(高敞郡) 57-23

고창중학교(高敞中學校) 125-20

고쿠보 도요키치(小久保豊吉) 138-23

고현공보(古縣公普), 고현보교(古縣普校) 57-22

곡부(曲阜) 122-23

곤륜산맥(崑崙山脈) 38-6

골(Gaul) → 갈리아(Gallia)

골드스미스(O. Goldsmith) 91-21

골턴(Sir F. Galton) 103-18

공교회(公教會) 86-6, 88-0

공덕리 집회(孔德里集會) 13-25

공덕리(孔德里) 10-25, 17-23~25, 23-25, 24-25, 25-25, 26-25, 27-25, 28-25,
          29-25, 30-25, 31-25, 32-25, 33-25, 34-25, 35-25, 36-25, 36-26, 37-
          26, 38-26, 39-25, 40-26, 41-26, 42-26, 43-26, 44-26, 45-26, 46-26,
          47-26, 50-25, 51-26, 52-26, 75-19, 76-11, 78-27, 81-26, 82-26, 85-

14, 90-21, 22, 91-22, 98-25, 105-21

공덕리감리교회(孔德里監理教會) 75-24

공덕정(孔德町) 152-15

공리주의(功利主義) 73-1, 139-20

공맹(孔孟) 64-23

공민왕(恭愍王) 73-3

공부자(孔夫子) → 공자(孔子)

공산당(共産黨) 72-23, 74-22, 92-1

공산당원(共産黨員) 70-21

공산주의(共産主義) 26-8, 27-19, 20, 37-12, 72-23, 24, 127-10, 139-2, 10,
142-4, 21

공산주의문명(共産主義文明) 14-20

공자(孔子), 공(孔) 5-15, 32, 7-10, 24, 9-19, 20, 12-15, 24-1, 2, 26-5, 28-19,
24, 35-14, 36-15, 16, 38-6, 39-1, 42-5, 47-11, 12, 50-1, 59-0, 62-17,
63-6, 64-2, 7, 67-3, 70-0, 71-3, 8, 72-11, 76-10, 80-2, 81-1, 85-21,
86-8, 87-11, 88-2, 91-20, 92-4, 105-23, 106-24, 120-6, 23, 122-1,
23, 125-9, 20, 126-8, 127-18, 130-0, 132-17, 134-10, 135-2, 137-3,
139-4, 143-11, 145-8, 147-7, 158-9

공자묘(孔子廟) 23-21

공주(公州) 124-18

과벽사막(戈壁沙漠) → 고비사막

《과학의 본질과 신앙(科學の本質と信仰)》127-26

과학적우주관(科學的宇宙觀) 90-7

곽경흔(郭璟炘) 84-22

곽산(郭山) 64-12, 78-5, 9-24, 25, 112-9, 141-24

곽재근(郭載根) 92-22

관동(關東, 대관령 동쪽) 39-25, 75-24, 78-2

관동주(關東州, 랴오둥 반도 남쪽 지역) 94-16

관모산(冠帽山) 62-18

관부연락선(關釜聯絡船) 83-24, 131-22

관북(關北) 128-25, 134-25, 136-25, 142-22, 143-25

관성자구(寬城子區) 144-20

관악산(冠岳山) 61-11, 66-0, 70-24, 73-22, 77-14, 80-24, 100-23, 125-0

관앵회(觀櫻會, 벚꽃놀이) 89-22

관우(關羽) 82-11, 95-1

관중(管仲) 134-11, 142-4

관포(管鮑, 관중과 포숙) 146-10

광개토대왕(廣開土大王) 94-16

광동동(光東洞) 151-25

광성고등보통학교(光成高等普通學校), 광성고보(光成高普) 80-22

광양(光陽) 57-23

광종(光宗) 71-7

광주(光州), 광주부(光州府) 93-21, 127-16, 136-25, 151-25

광주동소학교(光州東小學校) 136-23

광주형무소(光州刑務所) 86-26

광화문(光化門) 37-18, 122-21, 124-23, 26, 125-26, 126-26, 130-19, 25, 134-
          25, 135-26

광화문국(光化門局) 92-24

광화문통(光化門通) 95-21

광희문교회(光熙門敎會) 58-26

괘릉(掛陵), 괘능 23-21, 22, 82-24

괴테(J. W. von Goethe), 꾀테, 궤-테- 16-14, 21-17, 49-21, 68-10, 75-7, 88-5,
          88-6, 91-4, 92-8, 94-5, 91-21, 125-9, 149-1, 150-6, 157-16

교남정(橋南町) 151-20

교도마루(共同丸) 94-15, 16

교분칸(敎文館) 83-23

교토(京都) 62-21, 131-22

교토대학(京都大學校), 교토대(京都大) 142-13

교토제국대학(京都帝國大學), 교토제대(京都帝大) 51-0, 142-16

교풍회(矯風會) 120-12, 17, 18, 21, 22, 25, 121-13, 14, 19, 21, 122-16, 20, 22,
          124-17~21, 125-20, 22, 126-22, 25, 127-18, 22, 25, 128-23, 25, 129-
          23, 24, 140-26

교황무오류설(敎皇無誤謬說) 124-14

교회론(敎會論) 92-24, 94-7

교회무류설(敎會無謬說) 20-3

교회사(敎會史) 86-28

〈교회사(敎會史)〉 145-24

교회생명록(敎會生命錄) 93-24

교회정신(敎會精神) 91-1

교회주의(敎會主義) 36-5, 77-13, 86-0, 4~7, 87-6, 7, 9, 21, 91-2, 123-10, 124-
       12, 138-4, 143-9

교회주의자(敎會主義者) 87-3, 89-0, 93-1, 95-23

교회지상주의(敎會至上主義) 86-2

구교(舊敎) 20-10, 23, 72-26, 74-26, 75-26, 76-26, 77-20, 78-30, 79-28, 81-
       26, 82-26, 126-16, 132-14, 136-7

구교도(舊敎徒) 37-18

구기리(舊基里) 89-25, 93-23, 121-25, 125-26, 127-19, 20, 129-25

구라다 햐쿠조(倉田百三) 152-2, 16, 153-13

구라초(倉町) 83-24

구렁고개 89-14

구로사키 고키치(黑崎幸吉), 구로사키(黑崎) 19-14, 70-26, 88-26, 114-24, 134-
       26, 135-11, 20, 22~26, 136-9, 11, 21, 23, 137-17, 143-22, 146-23,
       149-20, 153-22

구룡강(九龍江) 21-24

구림리(鳩林里) 57-23

구마모토 현(熊本縣) 81-23

구마타니 미치지로(熊谷道次郎) 80-25

구보다(久保田) 107-20

구성(龜城) 72-8

구성(九城, 동북구성東北九城) 72-4

구세군(救世軍) 87-22, 126-16, 139-18, 157-23

구세병원(救世病院) 90-24

구스다 오노사부로(楠田斧三郎) 80-7

구스코(Gusco, 인디언족의 수도) 62-24

《구안록(求安錄)》 18-21, 19-17, 18, 157-15

《구약과 신약(舊約と新約)》 20-21

구와나 시(桑名市) 133-21, 134-20, 22, 138-19

구와바라 지쓰조(桑原隲藏) 70-11

구제론(救濟論) 20-15

구주연맹(歐洲聯盟) → 유럽연맹

구선(句踐, 월왕越王) 30-14

구칠선(具七先) 80-25

구파발리(舊把撥里) 95-23

국가주의(國家主義) 24-10, 94-26, 142-18

국립나요양소(國立癩療養所) 92-26

국민정신작흥기간(國民精神作興期間) 120-17, 131-23

국민정신총동원(國民情神總動員) 117-19

국민정신총동원연맹(國民情神總動員聯盟) 127-22

국민주의(國民主義) 142-17

국세조사(國勢調査) 89-25

〈국우(局友)〉 72-23, 150-1

국일관(國一館) 79-20, 88-22

국제연맹(國際聯盟) 76-22

국체명징(國體明徵) 100-20

군국주의(軍國主義) 66-5, 69-10, 74-22, 127-10

군무국(軍務局) 80-25

군산(群山) 62-19

군영로(軍營路) 144-20

군위군(軍威郡) 95-22

군자동(君子洞) 100-20, 145-1

군켈(H. Gunkel) 65-22

굿즈라푸 → 귀츨라프(K. F. Gützlaff)

궁예(弓裔) 71-4, 5, 7

권람(權擥) 75-3

권상연(權尙然) 80-7

권영수(權寧壽) 127-22

권율(權慄) 105-22

〈귀거래사(歸去來辭)〉 5-35

귀츨라프(K. F. Gützlaff) 80-8

규슈(九州) 47-26, 77-7, 80-6, 7, 134-23

그라스고, 그라스코 → 글래스고(Glasgow)

그랏드 스톤 → 글래드스턴(W. E. Gladstone)

18

그랑 프레 64-4

그랜드푸레 → 그랑 프레

그랜트(U. S. Grant) 91-21

그레- 91-21

그레고리우스(Gregorius), 그레고리 4-10

그레스만(H. Gressmann) 71-15

그리스(Greece) 11-9, 12, 15, 16, 13-3, 14-2, 16-19, 27-3, 28-1, 29-13, 31-18,
　　　　35-12, 40-7, 46-18, 62-16, 83-23, 86-8, 87-11, 122-4, 15, 126-16,
　　　　128-16, 129-12, 135-15, 138-3, 143-9, 149-1, 5

그리스군 145-25

《그리스도 부활론(復活論)》 13-25

그리스 문화 11-9, 20-1

그리스 민족 11-13, 13-20

그리스 사상 11-14

그리스 정교 20-1, 120-3, 126-16

그리스 철학 55-24, 94-4, 147-22

그리스어 11-9, 74-13, 84-3, 18, 108-20, 109-22, 120-18, 121-14, 123-5,
　　　　128-13, 129-10, 12, 15, 135-16, 146-25, 147-23, 25

〈그리스어 성서연구(ギリシヤ語聖書研究)〉 88-26, 146-23

그리스어 성서연구사(ギリシヤ語聖書研究社) 88-26

그리스인 11-9, 12, 13-21, 82-8

그리어슨(P. J. Hamilton-Grierson) 67-16, 71-15

그린란드(Greenland), 그린랜드 38-6, 62-24, 134-9

그린파크(Green Park, 런던), 끄린파크 139-13

근대국가(近代國家) 84-32

근로보국(勤勞報國) 126-26, 128-20~23

근로보국주간(勤勞報國週間) 115-18

글라우데아 제왕 → 클라우디우스 1세(Claudius I)

글래드스턴(W. E. Gladstone), 글래드스톤, 글랏드스톤, 글랫드스톤, 글란스톤
　　　　21-22, 25-16, 26-4, 38-5, 91-21, 92-13

글래스고(Glasgow), 글라스고 5-21, 40-10, 50-18, 158-22

금(金, 나라) 72-5, 6, 8, 79-6

금강(錦江) 70-3, 140-23

금강경(金剛經) 21-14

금강산(金剛山) 21-24, 25-18, 32 25, 35 25, 38 6, 51 25, 60 1, 62 17, 64-0,
　　　65-6, 66-7, 69-11, 12, 70-23, 72-11, 74-3, 81-2, 88-24, 92-24, 116-
　　　22, 139-24, 140-9

금부(禁府) → 의금부(義禁府)

금성(金城, 신라의 수도) 70-4

금성대군(錦城大君) 75-10

금오도(金鰲島) 62-20

금욕주의(禁慾主義) 35-20, 86-23, 121-3, 128-18, 130-15

금주(金州) 94-18

금주성(金州城) 94-18

금지윤(琴智潤) 57-20

금척봉군(金尺峯群) 23-20

금촌(金村) 80-20

기계적기원설(機械的起源說) 91-8

기계적불변자(機械的不變者) 88-5

기계적세계관(機械的世界觀) 91-6

기계적우주관(機械的宇宙觀) 90-7

《기도의 벗(祈の友)》 141-17

《기도의 생활(祈の生活)》 93-26, 95-23, 107-20, 149-12

《기독교는 무엇인가(基督教は何である乎)》 144-4

기독교도박해비문(基督教徒迫害碑文) 94-20

기독교사(基督教史) 86-28

기독교서류회사(基督教書類會社) 83-23

《기독교신도의 위로(基督教信徒の慰め)》,《기독신도의 위로》,《기독교 신도의
　　　위안》 18-21, 19-18, 136-9

《기독교의 인격교육(人格教育)》 72-26

〈기독교의 진수(基督教の眞髓)〉 144-4

《기독교인의 자유》 97-22, 138-24

기독교창문사(基督教彰文社) 24-25, 25-15, 26-25, 27-25, 28-25, 29-25, 30-
　　　25, 31-25, 32-25, 33-25, 34-25, 35-25, 36-25, 37-26, 38-26, 39-25,
　　　40-26, 41-26, 42-26, 43-26, 44-26, 45-26, 46-26

기독교청년회(基督教青年會) 76-2, 89-1, 96-1, 2, 114-23, 119-22, 128-16

기독말살론(基督抹殺論) 15-5

기독사회주의(基督社會主義) 127-10

《기독자의 자유(基督者の自由)》→《기독교인의 자유》

기독주의(基督主義) 93-15

기독청년회관(基督靑年會館) 74-22

기리만쟈로 → 킬리만자로(Kilimanjaro)

기리시야, 기리시아 → 그리스(Greece)

기리시탄(切支丹) 80-5

기린굴(麒麟窟) 94-19

기묘사화(己卯士禍) 76-5

기무라 도쿠조(木村德藏) 91-6

기시다 겐조(岸田軒造) 77-10

기양역(岐陽驛) 142-19

기요치-누 → 단두대(斷頭臺)

기일(奇一) → 게일(J. S. Gale)

기자조선(箕子朝鮮) 39-1, 69-6

기전여학교(紀全女學校) 105-23

기쿠이초(喜久井町) 121-23

기쿠치 칸(菊池寬) 98-20

기쿠치 간테츠(菊池觀徹) 103-23

《기탄잘리(Gitanjali)》,《기탄자리》 66-8, 69-12

기-테 → 괴테(J. W. von Goethe)

기호지방(畿湖地方) 85-1

기후 시(岐阜市) 133-21, 134-22

긴자(銀座) 121-23, 136-22

긴자도오리(銀座通) 83-23

길경(桔梗) 147-10

길로틴 → 단두대(斷頭臺)

길림(吉林) 79-23, 137-22, 141-23, 24

길림신학교(吉林神學校) 144-21

길선주(吉善宙) 65-10, 67-25, 84-23, 85-1

길순사방(吉順絲房) 94-19

김경서(金景瑞) 78-5

김경손(金慶孫) 72-9

김계화(金桂花) 78 22, 01 20, 02 2, 23, 84 10, 18, 86-8, 87-18

김교영(金敎英) 91-24

김금경(金今慶) 145-17, 18

김금중(金今重) 133-24

김기봉(金基奉) 120-21

김노득(金路得) 64-23, 77-11

김대건(金大建) 80-8, 82-24

김대성(金大成) 23-23

김덕모(金德模) 34-0

김덕봉(金德峰) 57-19

김동신(金東臣) 141-21

김두혁(金斗爀) 137-24

김면오(金冕伍) 69-22

김민옥(金敏玉) 133-24

김민자(金敏子) 145-21

김병제(金炳濟) 132-22

김봉국(金鳳國) 128-24, 134-23, 25, 152-25

김봉희(金鳳姬) 121-18, 133-24

김봉희(金鳳喜) 80-25

김부식(金富軾) 72-6, 73-5

김산(金山) 15-26, 24-24

김석원(金錫源) 132-19

김선덕(金善德) 128-9

김선옥(金善玉) 93-17

김성실(金誠實) 102-23

김성실(金成實) 35-25, 41-25, 43-18, 48-9, 26, 49-25, 51-10, 54-25, 72-21,
        81-19, 86-25

김세환(金世煥) 35-25

김수로(金首露) 73-6

김수철(金洙喆) 130-20

김숙흥(金叔興) 71-8

김순금(金順錦) 120-18, 21

김시습(金時習) 76-3

김안(金安) 72-5, 6

김연창(金淵昌) 83-24

김예근(金禮根) 73-12

김예진(金禮鎭) 35-2

김옥균(金玉均) 69-21

김용천(金容天) 138-25, 141-17

김우현(金禹鉉) 18-24

김운경(金雲京) 53-24

김운호(金雲虎) 121-21~23

김원봉(金圓峰) 57-19

김원삼(金元三) 87-18

김유신(金庚信) 23-22, 73-6

김유신묘(金庚信墓) 23-20, 21

김은순(金恩順) 139-20

김인서(金麟瑞), 김모(金某) 19-14, 16, 17, 20, 20-21~23, 86-2

김자점(金自點) 78-7, 79-4

김재추(金在秋) 57-23

김재형(金在衡) 98-21

김정민(金正民), 정민(正民) 132-19, 142-23

김정복(金正福), 정복(正福) 121-17

김정손(金正孫), 정손(正孫) 72-23, 91-22, 120-19, 121-17, 125-21, 128-21, 130-20, 133-20

김정식(金貞植) 19-21, 20-24, 67-23, 75-21, 92-22, 97-22, 24, 98-23, 100-2, 3, 5, 136-1, 156-18

김정옥(金正玉), 정옥(正玉) 121-17, 143-20

김정혜(金正惠), 정혜(正惠) 93-21, 95-20, 121-17

김제(金堤) 57-23

김제역(金堤驛) 57-24

김종서(金宗瑞) 74-8, 75-3, 5

김종우(金種宇) 130-19

김종직(金宗直) 76-7

김종흡(金宗洽) 57-21, 58-13, 61-8, 73-23, 74-24, 81-21, 93-26, 125-20, 21,

23, 130-25, 131-21, 25, 26, 132-23, 133-20, 139-20, 21, 156-4

김주항(金株恒) 98-4, 99-19, 100-19, 21

김주항(金周恒) 73-25, 120-23, 130-20, 133-20, 137-22, 24, 140-23, 141-26

김중면(金重冕) 148-9, 149-20, 150-3, 153-26, 154-25

김지웅(金志雄) 20-27

김진주(金眞珠) 117-13

김진주(金珍珠) 80-25, 121-18

김질(金礩) 75-6, 7

김차동(金且東) 133-24

김창제(金昶濟) 19-16, 142-3, 5, 154-13

김창준(金昌俊) 80-23, 135-11

김천(金泉) 57-18, 93-25, 133-24

김충희(金忠熙) 52-16, 53-23, 55-8

김태희(金太熙) 94-24

김향도(金亨道) 100-21, 102-25

김현(金玄) 35-25

김현도(金顯道) 47-26

김형도(金亨道) 37-25, 40-25, 41-16, 42-18, 43-18, 47-25, 70-21, 86-28

껠뷘 → 칼뱅(J. Calvin)

꼴드스미쓰 → 골드스미스(O. Goldsmith)

꽃주일 139-3

꿰데 → 괴테(J. W. von Goethe)

ㄴ

나가시마 초(長島町) 92-26

나가오 한페이(長尾半平) 94-1

나가이(永井) 136-22

나가이 큐로쿠(永井久錄) 74-23, 83-23

나가타 데쓰잔(永田鐵山) 80-25

나가토로(長瀞) 129-24

나고야(名古屋) 142-11

나니와(難波) 78-4

나쓰메 소세키(漱石夏目) 53-22

나이팅게일(F. Nightingale), 나이팅켈 119-1, 132-10

《나이팅게일(Nightingale)》,《나이팅게일》53-18

나일 강(Nile River), 나일강 11-12, 18-2, 49-19

나일 호반 14-20

나일강구(江口) 8-14

나전(羅典, 羅甸), 나전(拉典) → 라틴(Latin)

나전민족(羅甸民族) → 라틴 족

나전어(羅典語) → 라틴어

나정(羅井) 23-22

나주(羅州) 87-18

나주군도(羅州群島) 62-19

나진(羅津) 88-24, 124-23, 128-24

나치스(Nazis) 138-23, 143-20

나카무라야(中村屋) 121-23

나카에 도주(中江藤樹) 136-10

나파륜 → 나폴레옹(Napoléon Bonaparte, Napoléon I)

나폴레옹(Napoléon Bonaparte, Napoléon I), 나폴레온, 나폴네온, 나포레온,
        6-5, 22-15, 25-10, 46-0, 70-2, 78-3, 4, 85-21, 88-2, 90-10, 91-21,
        123-10, 131-1, 4, 134-10, 143-1

나하추(納合出) 73-3

낙랑군(樂浪郡) 69-6, 70-5

낙성대(落星垈) 69-25

낙원동(樂園洞) 18-25, 20-27, 21-25, 22-25

낙원병원(樂園病院) 19-25, 20-27, 21-25, 22-25, 23-24, 24-24, 25-25

낙원의원(樂園醫院) 18-25

낙위(諾威), 낙(諾) → 노르웨이(Norway)

낙화암(洛花岩), 낙화암(落花巖) 70-4, 124-18

난도초(納戶町) YMCA 136-23

난바(難波) 144-1

남강(南岡), 남강 선생 → 이승훈(李昇薰)

남대문(南大門, 개성) 125-24

남대문(南大門, 서울) 37-16, 78-27, 95-22, 123-22, 124-23

남대문교회(南大門教會) 68-21, 93-21

남대문통(南大門通) 153-25

남만(南蠻) 136-1

남만주(南滿洲) 28-24, 93-24, 26, 94-15

남무묘법연화경(南無妙法蓮華經) 32-16

남별궁(南別宮) 87-2

남부 츄헤이(南部忠平) 92-0

남북전쟁(南北戰爭) 25-11

남산(南山, 경주) 23-21

남산(南山, 서울) 14-5, 17-24, 61-11, 74-23, 85-3, 124-23, 142-24, 143-24,
        145-1

남산성지(南山城趾, 경주) 23-22

남산장(南山莊) 126-21

남산정(南山町) 145-22, 146-25, 147-25

남생리(南生里) 78-22, 81-20, 82-2, 84-10, 18, 87-18

남성정약시(南城町藥市) 57-18

남소문(南小門) 69-23

남승룡(南昇龍), 남군(南君) 92-23, 143-19

남아연방(南阿聯邦) 38-6

남양(南洋) 12-16, 128-20, 130-6

남이(南怡) 76-8

남인(南人) 80-6, 8

남잡목(南雜木) 79-23

남재(南在) 74-24

남평장로교회(南平長老教會) 91-22

남프랑스 148-20

남한산성(南漢山城) 78-6, 90-22, 129-25

남해(南海) 21-24, 22-25, 28-25, 46-0, 49-25, 57-22, 24, 61-25, 66-7, 69-12,
        74-25, 140-22

남해도(南海島) 62-20, 127-17

남해안(南海岸) 74-22, 82-4

남해읍교회(南海邑教會) 57-22

남효온(南孝溫) 76-3

낭랑제(娘娘祭) 94-18

낭림산(狼林山) 139-26

낭만주의(浪漫主義) 53-18

낭파관(浪波館) 130-25

《내가 어떻게 기독신자가 되었나(余가 엇더케 하야서 基督信者가 되엿나?)》18-21

《내가 존경하는 인물(余の尊敬する人物)》138-24

내금강(內金剛) 17-23

내면(內面, 경기도 파주) 62-25

내서면(內西面) 151-25

내선일체(內鮮一體) 132-0

내자정(內資町) 124-7

내촌감삼(內村鑑三), 내촌, 내촌선생 → 우치무라 간조(內村鑑三)

냉동(冷洞) 81-23, 151-25

네덜란드(Netherland) 42-0, 62-15, 66-3, 69-8, 80-5, 6, 130-24, 137-25, 138-
        24, 140-13, 147-13

네로(Nero) 9-17, 11-12, 56-17, 74-12, 75-5, 77-16, 80-17, 18, 132-7

네브래스카 대학(University of Nebraska), 네브라스카 대학 145-20

네브래스카 주립대학 143-19

넬슨(H. Nelson), 넬손 16-10, 74-21, 91-21

노구교(盧構橋) 사건 103-24

노국(露國) → 러시아(Russia)

노국인(露國人) → 러시아인

노기 마레스케(乃木希典) 74-0

노기신사 대제(乃木神社大祭) 105-23

노라쿠로(のらくろ, 만화 주인공 개) 85-9

노래자(老萊子) 41-0

노량진 6충신 묘(露梁津 六忠臣墓) 105-22

노량진(鷺梁津) 25-24, 31-25, 43-25, 69-24, 75-7, 80-8, 24, 116-19, 120-24,
        121-13, 127-19

노량진교회(鷺梁津敎會) 32-25

노령지방(露領地方) 69-4

노르웨이(Norway) 42-0, 62-16, 23, 136-25, 138-24

27

노리마쓰 마사야스(乘松雅休), 노리마쓰(乘松) 73-23, 120-25

노리치(Norwich), 노릿지 154-19

노몬한(爾哈河) 126-22

〈노변(爐邊)의 성서〉 145-22

노사나동불(盧舍那銅佛), 노사나불(盧舍那佛) 23-22, 23

노산(盧山) 62-12

노산군(魯山君) 75-9, 10

노성모(盧成模) 61-26

노스캐롤라이나(North Carolina) 61-0, 156-8

노예제도(奴隸制度) 28-11

노자(老子), 노(老) 36-16, 125-9, 158-9

노적봉(露積峯) 121-25

노제국도서관(露帝國圖書館) 64-25

노평구(盧平久) 147-25

노폴레온 → 나폴레옹(Napol?on Bonaparte, Napol?on I)

노화군도(蘆花群島) 62-20

노화도(蘆花島) 46-0

녹스(J. Knox), 녹쓰 40-3, 42-0

녹스(R. A. Knox), 녹쓰 134-15

논리학(論理學) 51-15

《논어(論語)》 17-18, 21-14, 17, 38-6, 71-12, 81-1, 122-1, 25, 123-1, 148-5

놀웨 → 노르웨이(Norway)

농무과(農務課) 120-12

농안(農安) 144-20

누루하치(奴爾哈赤) 78-4, 5

뉴욕(New York), 뉴육(紐育) 62-18, 72-22, 140-14, 23, 151-12

뉴잉글랜드(New England), 뉴잉글란드 127-25, 155-14

뉴질랜드(New Zealand), 뉴-지란드 42-0

뉴턴(I. Newton), 뉴톤, 뉴-톤, 뉴튼, 뉴-튼 5-15, 7-5, 51-9, 63-3, 90-7, 91-21,
        92-4, 123-4, 132-10, 142-14

능곡(陵谷) 29-25, 30-25, 33-25

능라도(綾羅島) 80-22

28 능한(凌漢, 산성) 78-5

니가타(新潟) 135-17

니분기(泥盆紀) → 데본기(Devonian Period)

니시다 기타로(西田幾太郎) 152-2

니시다 텐코(西田天香) 45-3, 45-14

니시무라(西村) 79-23

니시오기쿠보(西荻窪) 121-22, 136-24, 25

니지마 조(新島襄) 136-13

니체(F. W. Nietzsche), 니췌, 니-췌 25-10, 31-17, 104-1, 121-12

니치렌(日蓮) 135-18

니케아 공의회(Councils of Nicaea), 니케아회의 46-17~19, 25, 47-6, 7, 10

니케아 신조(Symbolum Nicaenum) 46-20, 47-10

니코메디아(Nicomedia) 46-18

니콜라스(Nicholas) 86-14, 90-7

니콜라스디루-라 86-15

니토베 이나조(新渡戶稲造) 16-9, 60-8, 103-0, 136-3, 9, 152-2

닐루스(Nilus) 86-13

닛코(日光) 136-22

ㄷ

다나베 하지메(田邊元), 다나베(田邊) 142-16~18, 144-24

다-낙 66-18, 70-13 *인신공양을 했던 지역

다네가시마(種子島) 80-7

다뉴브(Danube) 강, 다뉴브, 다늅하(河) 18-2, 52-17

다도해(多島海) 127-16, 17, 131-19

다루가치(達魯花赤) 72-8

다마가와 나오시게(玉川直重) 88-26, 146-23, 24

다미엔(Damien) 76-21, 86-16

《다미엔전(Damien傳)》 75-19, 76-2, 21, 22

다보여관(多寶旅館) 23-22

다보탑(多寶塔) 23-22, 23, 39-0, 65-9, 82-0, 24

다산(茶山) → 정약용(丁若鏞)

다석재(多夕齋) 선생 → 류영모(柳永模)

다옥깅(茶屋町) 139-24

다우닝 가(Downing Street) 141-9

다우덴 53-19 *밀턴 연구가

다윈(C. Darwin), 다-윈 87-1, 89-5, 90-10, 91-6, 7, 21, 98-3, 99-7, 103-19, 147-7

다윈주의(Darwinism), 따윈주의 123-3

다이달로스(Daidalos), 다이달루스 61-0

다주면(多朱面) 92-21

다카노 가메지로(高野龜次郎) 70-16

다카라쓰카(寶塚) 83-24

다카쇼초(鷹匠町) 134-19, 20

다카야마 초규(高山樗牛) 18-4

다카쿠라(高倉) 84-19

다카하시(高橋) 89-22

다케모토 기요조(武本喜代藏), 다케모토 20-21, 22

단군(檀君) 24-5, 39-1, 61-10, 68-4, 5, 73-4, 6, 74-3, 6, 76-5

단군굴(檀君窟) 21-24

단군조선(檀君朝鮮) 69-3, 6

단두대(斷頭臺) 25-6

단백집성설(蛋白集成說) 91-6

단성사(團成社) 73-25

단일의지론(單一意志論) 86-12

단종(端宗) 74-8, 75-3~6, 8~10, 76-3~5

단테(Dante Alighieri), 단데, 단체, 딴테 7-24, 9-17, 10-6, 16-11, 17-5, 18-4, 21-17, 22, 25-14, 16, 37-17, 38-6, 26, 40-2, 45-4, 82-7, 50-3, 53-14, 57-2, 58-13, 63-3, 86-16, 88-3, 91-21, 92-4, 113-0, 1, 124-12, 17, 143-26, 145-1, 8, 19, 25, 147-16, 149-1, 150-6, 9

달로화적(達魯火赤) → 다루가치(達魯花赤)

달천(達川) 57-17, 78-6

당(唐) 79-6

대경성도시계획전람회(大京城都市計劃展覽會) 130-21

대관각(大觀閣) 88-24

대관령(大關嶺) 124-8, 125-26, 126-1

대구(大邱) 23-20, 54-24, 57-17, 58-25, 62-21, 82-24, 95-22, 124-17, 135-24

대구사범학교(大邱師範學校) 82-24

대구역(大邱驛) 57-18, 125-19

대구층암석(大邱層岩石) 23-20, 21

대동강(大同江), 대동(大同) 70-3 80-22, 89-22, 137-23, 24, 143-25

대동경찰서(大同警察署) 142-19

대동문(大同門) 94-19

대동서림(大東書林) 129-26

대동인쇄소(大東印刷所) 122-20, 131-24

대련(大連) 20-24, 93-26, 94-16, 18, 20, 141-24

대련제이중학교(大連第二中學校) 94-16

대마도(對馬島) 74-7

대백산(大白山) → 태백산(太白山)

대사탄(大沙灘) 76-25

대산공보교(大山公普校) 57-23

대석교역(大石橋驛) 94-18

대성리(大成里) 129-25

대성문(大成門) 143-21

대소백산맥(大小白山脈) 70-3

대승불교(大乘佛敎) 142-17

대염호수(大鹽湖水) → 대함호(大喊湖)

《대영백과사전(大英百科辭典)》61-9, 87-20

대영성서공회(大英聖書公會) 58-0, 65-25, 78-22

대영제국(大英帝國) → 영국(英國)

대원(大元) 72-4

대원(大垣) 시 → 오가키(大垣) 시

대원군(大院君) 9-20

대위(大爲) 72-6

대장경(大藏經) 17-18, 21-14, 17

대전(大田) 80-22, 154-16, 18

대전형무소(大田刑務所) 84-20

31 대조영(大祚榮) 73-6

대판(大阪) → 오사카(大阪)

《대표적 일본인(代表的日本人)》 136-10

《대학(大學)》 21-14, 120-19

대학통(大學通) 80-26, 81-0, 26, 95-23

대한리(大閑里) 138-25

대함호(大鹹湖, Great Bitter Lake) 26-10

《대화(對話)》 38-6

더비(Derby), 따-비 151-17

덕물산(德物山) 100-20

덕수궁(德壽宮) 114-23

덕양산(德陽山) 34-0, 57-17

덕적도(德積島) 44-26, 128-9, 25, 130-24

덩케르크(Dunkirk), 당키르그 138-20

데 베테(W. M. L. de Wette) 84-4

데라다 도라히코(寺田寅彦) 142-14, 144-24

데모스테네스(Demosthenes), 데모쓰테네스 50-20, 60-12, 70-7

데본기(Devonian Period) 93-6, 94-11

데오도라 → 테오도라(Theodora) 86-13

데이비슨(R. T. Davidson) 134-18

데칸 고원(Deccan Plateau) 38-7

덴마크(Denmark) 24-2, 31-17, 40-0, 42-0, 62-15, 16, 62-23, 64-0, 77-2, 94-
        23, 95-22, 26, 106-25, 115-24, 127-1, 136-22, 138-24, 147-13

《덴마크의 문화를 살피다(デンマークの文化を探る)》 95-23, 26

델라웨어(Delaware) 64-5

델리치, 델리취 68-7, 8 ∗성서학자

델파이 신전(神殿) 52-2

뎃가-인데안족(族) 91-20

도고 헤이하치로(東鄉平八郎) 16-10, 74-21

도그마(Dogma)신학 94-3

도기와마츠 고등여학교(常盤松高等女學校) 136-22

도농역(陶農驛) 133-19

도다 테이조(戶田貞三) 66-15, 70-11

도당(都堂) 73-6

도대리(道大里) 129-23, 24

도라노몽(虎ノ門) 121-22

도레미 → 프톨레마이오스(Ptolemaeos)

도-루수 → 타우루스(Taurus) 산맥

도림리(道林里) 19-24, 21-24

도문(圖門) 150-4, 25, 152-25, 153-25

도문철도(圖門鐵道) 90-21

도버 스트리트(Dover Street), 도붜가(街) 136-18

도봉리(道峰里) 70-22

도봉산(道峯山) 98-0, 124-24, 138-23, 142-24

도산(島山) → 안창호(安昌浩)

도요토미 히데요시(豊臣秀吉) 78-3, 4, 79-23, 126-2, 144-1

도일(A. C. Doyle), 또일 133-13, 134-15, 16

도코쇼인(刀江書院) 87-26

도쿄(東京) 1-2, 19-17, 20-24, 40-25, 42-25, 47-26, 57-25, 62-0, 63-18, 64-
  12, 65-2, 25, 66-24, 68-0, 24, 73-13, 74-21, 23, 75-20, 23, 77-7, 10,
  80-25, 81-19, 82-26, 83-22, 23, 84-18, 22, 23, 86-28, 90-18, 22, 24,
  94-23, 26, 95-22, 23, 108-17, 18, 120-17, 18, 21, 22, 121-14, 19, 21,
  23, 122-16, 17, 21, 123-23, 25, 126-20, 22, 23, 127-1, 24, 26, 128-20,
  129-9, 19, 24, 130-19, 25, 131-22, 132-24, 133-18, 21, 134-22~24,
  135-17, 26, 136-21, 22, 25, 137-17, 22, 26, 138-9, 10, 22, 139-19~22,
  24, 26, 140-3, 141-24, 142-11, 144-24, 25, 146-18, 151-25, 156-2

도쿄고등사범학교(東京高等師範學校), 도교고사(東京高師) 83-24, 88-26, 132-2

도쿄기독교청년회(東京基督敎靑年會) 19-22

도쿄도미술관(東京都美術館) 77-7

도쿄문리대학(東京文理大學), 도쿄문리과대학(東京文理科大學) 79-23, 83-23,
  88-23

도쿄병란(東京兵亂) → 2·26 쿠데타

도쿄심상소학교(東京尋常小學校) 41-2

도쿄여자고등사범학교(東京女子高等師範學校) 149-3

도쿄역(東京驛) 84-22, 121-22

도쿄육군사관학교(東京陸軍士官學校) 87-22

도쿄정칙영어학교(東京正則英語學校) 65-2

도쿄제국대학(東京帝國大學), 도쿄제대(東京帝大) 66-15, 70-11, 83-24, 94-26, 111-21, 127-21, 132-2, 149-3

도쿄제일고등학교(東京第一高等學校), 일고(一高) 120-24, 25, 121-22, 136-25

도쿄천문대(東京天文臺) 83-23

도쿄체신성(東京遞信省) 95-26

도쿄-하코네간(東京-箱根間) 역전경주(驛傳競走) 92-0

도쿠가와 이에야스(德川家康), 도쿠가와, 이애야스 78-4, 126-2

도화동(桃花洞) 25-25, 85-14, 98-19

독거군도(獨巨群島) 62-19

독도(龘島, 뚝섬) 127-19, 139-24

독박골 68-24

독소불가침조약(獨蘇不可侵條約) 129-20

독일(獨逸), 독(獨), 덕(德) 15-3, 18-20, 20-3, 11, 25-2, 31-17, 42-0, 57-0, 58-0, 59-20, 60-12, 62-16, 63-12, 64-1, 25, 65-6, 9, 66-15, 16, 68-25, 70-11, 12, 74-21, 78-3, 22, 79-1, 3, 80-5, 8, 84-32, 91-5, 95-22, 121-2, 122-4, 22, 123-25, 124-25, 125-20, 129-1, 21, 22, 130-22, 131-21, 135-17, 136-8, 22, 137-16, 25, 138-19, 22~24, 139-0, 140-13, 24, 141-0, 17, 142-12, 17, 23, 145-0, 146-0, 147-0, 13, 149~158의 0

《독일국민(獨逸國民)에게 고(告)함》,《독일민족에게 고함》 63-12, 91-24, 104-1

독일어(獨逸語), 독을어 147-23

독장산(獨獐山) 141-24

돈 → 도나우(Donau) 52-18

돈 주앙(Don Juan), 돈 쥬안 149-13

돈암정(敦岩町) 90-26, 91-24, 26, 92-26, 98-0, 114-12, 120-18, 125-21, 126-22, 132-20, 22, 139-19, 20, 22, 140-26

돈암정파출소(敦岩町派出所) 109-25, 115-20

돈화문(敦化門) 130-25

돌변화설(突變化說), 돌변화론(突變化論) 89-5, 91-7

돌산도(突山島) 62-20

동가강(佟佳江) 78-4

동경(東京) → 도쿄(東京)

동계성서강습회(冬季聖書講習會) 83-25, 94-26, 95-26, 131-0, 26, 132-22, 25, 133-9, 143-26

34

동계집회(冬季集會), 동기집회(冬期集會) 86-26, 92-23

동구릉(東九陵), 동구능 74-24, 106-22

《동국여지도(東國輿地圖)》 79-6

동대문(東大門) 17-25, 21-23, 80-26, 81-26, 90-1, 132-19, 140-26

동대문경찰서(東大門警察署), 동대문서(東大門署) 95-20, 109-25, 115-20, 121-
    21, 127-25

동대문부인병원(東大門婦人病院) 131-24, 25, 132-19, 138-20

동대문시장(東大門市場) 124-17, 128-20

동래(東來) 54-24

동래온천(東萊溫泉) 135-24

동로마제국 20-1

동룡굴(蝀龍窟) 20-27, 21-24, 85-15

동막(東幕, 서울 마포) 25-25

동명두조(東明頭條) 144-20

동명성왕(東明聖王) 69-5, 72-7

동북대학(東北大學, 만주 봉천) 94-19, 111-21

《동사강목(東史綱目)》 79-6

동생리(東生里) 121-18

동선당(同善堂) 94-19

동소문(東小門) 69-22, 70-22, 72-23, 80-24, 81-19, 25, 89-21, 90-26, 91-0,
    91-24~26, 92-21, 95-21, 96-10, 124-24, 125-23, 139-22, 140-22

동소문경관파출소(東小門警官派出所) 91-24

동소문경찰서(東小門警察署) 138-23

동숭교(東崇橋) 120-26, 123-26, 124-26, 125-26, 126-26, 130-26, 131-26,
    132-26, 133-26, 134-26

동숭동(東崇洞) 54-26

〈동아일보(東亞日報)〉 53-25, 93-21, 24, 122-22

동아일보사(東亞日報社) 69-25

동양선교회성서학원(東洋宣教會聖書學院) 19-17

동양인(東洋人) 79-11, 80-22, 132-0, 135-14

동원리(東原里) 41-1

《동음해(東音解)》 79-6

동인(東人) 78-26

35

동일회관(東口會館) 121 23

동진국(東眞國) 72-8

동척목양장(東拓牧羊場) 89-22

동해(東海) 25-18, 46-0, 62-23, 132-0

두 J(Jesus and Japan) 18-20

두만(豆滿) 70-3

두만강(豆滿江) 36-18, 72-4, 24, 80-9, 92-24, 127-17, 128-24

두문동(杜門洞) 74-5

둠(B. Duhm), 두-ㅁ 65-22

둥구재 89-14

둥그재마루 85-3, 14, 16, 86-10, 17, 94-22

듀북(Dubuque, 신학교) 12-24

디킨즈(C. Dickens) 141-10

따윈, 따-원- → 다윈(C. Darwin)

딴테 → 단테(Dante Alighieri)

떼뷜쓴 → 데이비슨(R. T. Davidson)

뗄라위아 → 델라웨어(Delaware)

ㄹ

라마(羅馬) → 로마(Rome)

라마르크(Jean-Baptiste de Monet, chevalier de Lamarck), 라말크 89-4, 91-21

라마시대 → 로마시대

라마인(羅馬人) → 로마인

라마제국(羅馬帝國) → 로마제국

〈라사로(ラザロ)〉 82-2

라-슨 53-14 *밀턴 연구가

라우(S. Rauh) 67-13, 14

라이마루스(H. S. Reimarus), 라이마-ㄹ 49-17

라이엘(C. Lyell) 91-21

라이트 형제(Wilbur and Orville Wright) 61-0

라이트(H. F. Lyte) 126-23

라이트홀 57-1 *성경 주석가

라이프니츠(G. W. Leibniz), 라이푸닛츠 91-20

라인(Rhein) 강 18-2

라틴(Latin) 7-8, 83-23, 84-4, 129-14, 149-1

라틴어 109-22

라틴족 28-1

라파엘로(S. Rafaello), 라파엘 40-4, 53-16, 91-21

라플라스의 설(The Theory of La Place), 라푸라스의 설 4-3

란가사주 → 랭커셔(Lancashire) 주

랑케(L. von Ranke) 11-13

램세이(W. Ramsay) 57-1, 4

랭스(Reims) 134-17

랭커셔(Lancashire) 주 50-19

러드로(E. Ludlow), 라드로- 25-24

러셀(A. J. Russel), 럿셀 133-9, 134-15, 136-15, 137-12, 138-12, 139-11, 140-
        11, 141-9, 13, 143-15, 144-5, 145-11, 146-13, 147-13, 148-11, 149-13,
        151-12, 152-9, 153-9, 154-19, 155-14, 156-7, 157-20, 158-19

러셀(B. Russel), 랏셀 88-25

러스킨(J. Ruskin), 러쓰킨, 라스킨 44-25, 91-21, 130-7, 148-14

러시아(Russia) 14-20, 15-2, 18-1, 2, 20-1, 11, 25-1~3, 27-20, 31-17, 37-20,
        51-4, 5, 57-0, 62-19, 22, 64-25, 66-3, 68-17, 69-2, 74-0, 79-1, 80-5,
        10, 82-24, 84-32, 87-23, 92-1

러시아인 146-7

러시아혁명 66-1

러일전쟁 16-10, 18-4, 74-0, 85-21, 136-0, 158-25

럭키산맥 → 로키산맥(Rocky Mountains)

런던(London), 론돈 13-1, 15-3, 84-1, 24, 95-22, 131-21, 133-10, 11, 13~15,
        134-15, 134-18, 19, 136-18, 137-12, 139-11, 17, 148-10, 13, 149-3,
        152-9, 156-2

〈런던 타임즈(London Times)〉 74-21, 78-22

렁 휄로 → 롱펠로우(H. W. Longfellow)

레닌(Lenin), 레-닌 23-4, 64-25, 102-0

레닌그라드(Leningrad) 62-21

《레미제라블(Les Miserables)》 91-24

래베기 웨스트(Rebecca West), 리베카웨스트 133-13, 134-15, 19

레셉스(F. V. de Lesseps), 레셉스 66-1, 69-2

레스터(Leicester) 137-16, 154-19

레오나르도 다 빈치(L. da Vinci), 레오날도 다 윈치, 레오나르도 다빈치, 레오
        날드 다 윈치 24-21, 62-18, 70-0

레이니어(S. Lanier) 133-10

레이메이주쿠(黎明塾) 121-22, 23, 136-24

레테(Lethé) 145-1

렘브란트(Rembrandt van Rijn), 렘브렌트, 렘푸란도 28-8, 91-21

로단 → 로댕(A. Rodin)

로댕(A. Rodin) 82-10

로데샤 132-8 * **남아프리카**

로렌스 140-8

로-리 53-22 * **밀턴 연구가**

로마 가톨릭(Roman Catholic), 로마 캬소릭 7-37

로마 제국, 로-마 제국 15-7, 85-17, 19

로마(Rome) 7-1, 10-5, 11-3, 12, 13, 20, 15-5, 23, 16-19, 74-14, 75-1, 78-3,
        80-2, 5, 17, 82-8, 14, 93-1, 121-2, 3, 122-15, 123-5, 8, 126-16, 129-
        11, 12, 15, 16, 130-6, 132-7, 134-15, 135-16, 17, 136-13, 138-4, 140-
        6, 141-1, 143-9, 147-4, 157-5

로마교회(羅馬敎會) 20-1, 20-3, 86-6, 89-16

《로마서의 연구(羅馬書の 硏究)》 18-21

로마시대 84-33, 149-5

로마인 11-12~14, 13-21, 29-13, 31-19

로마정교(羅馬正敎) 20-1, 20-7

로마제국, 로마성(城) 11-13, 15, 13-20, 20-1, 29-23, 31-19, 33-6~10, 35-12,
        56-6, 88-2

로마천주교회(羅馬天主敎會) 20-23

로만틱슴 → 낭만주의(浪漫主義)

로빈슨 크루소(Robinson Crusoe), 로빈손 크루쏘 46-0

로서아(露西亞), 로(露) → 러시아

로서아혁명(露西亞革命) → 러시아혁명

로스(J. Ross), 로쓰 80-8

로쏘 → 루소(J. J. Rousseau)

로우든 해밀톤 147-22

로저스(Rogers) 61-15

로즈(C. J. Rhodes), 로-즈 132-8

로쿠고바시(六鄕橋) 92-0

로키 산맥(Rocky Mountains) 18-1, 66-5, 69-9

롬바르디아(Lombardia) 평원, 롬발댜평원 62-22

롱·펠로우(H. W. Longfellow), 롱페로-, 롱펠로, 롱펠로-, 84-4, 7, 91-21, 24, 92-3, 94-5, 100-7, 142-6, 156-20

루난 → 르낭(J. E. Renan)

루돈 해밀톤 143-18

루르(Ruhr), 룰 74-24

루벤스(P. P. Rubens) 40-4

루비콘(Rubicon) 강, 루비콘 강, 루비콘하(河), 루비콘 11-16, 39-25, 138-22

루소(J. J. Rousseau), 루소-, 55-11, 91-24, 130-15

루시안(Lucian, 안디옥의 루시안) 46-17

루씨고등여학교(樓氏高等女學校), 루씨고녀(樓氏高女) 131-0, 135-21

루이지애나(Louisiana), 루이쟈나 64-5

루즈망(M. de Rougement) 10-7

루즈벨트(F. Roosevelt), 루스벨트 124-25

루코스강, 루고강, 루고하반(河畔), 루고스 하반 → 리쿠스(Lycus) 강

루터 파, 룻터파 20-4

루터(M. Luther), 루터-, 루-터, 룻터, 룻터- 3-10, 4-8, 24~26, 5-8, 10, 15, 31, 6-11, 7-3, 32, 33, 37, 38, 40, 9-20, 10-5, 20, 11-16, 22, 16-2, 10, 19, 18-8, 20-1, 3, 7~11, 23, 21-22, 22-5, 24, 23-25, 24-22, 25-1, 13, 26-6, 8, 19~21, 27-25, 30-17, 24, 31-17, 33-17, 36-14, 25, 38-7, 40-0, 3, 42-0, 43-3, 45-3, 5, 48-23, 25, 49-1, 49-4, 26, 50-2, 51-2, 7, 13, 16, 23, 53-1, 54-26, 55-17, 26, 56-24, 26, 57-1, 58-13, 15, 59-12, 19, 60-5, 17, 61-14, 17, 62-5, 63-1, 65-6, 67-21, 68-8, 72-26, 74-26, 75-1, 26, 76-26, 77-20, 78-30, 79-28, 81-21, 26, 82-26, 84-20, 86-13, 85-17, 86-16, 93-1, 94-7, 113-0, 122-3, 124-12, 13, 16, 125-20, 126-16, 131-22, 132-26, 133-11, 26, 135-11, 136-12, 13, 18, 137-26, 138-4,

140-6, 141-26, 142-17, 18, 26

《쿠디의 생애와 사업(生涯及事業)》 68-24

류달영(柳達永), 류선생, 류군, R군, R형 67-25, 73-11, 24, 74-25, 79-23, 80-24, 92-24, 94-20, 121-25, 124-19, 128-9, 25, 129-9, 22, 130-22, 26, 131-0, 26, 132-22, 26, 133-24, 26, 134-22, 25, 26, 136-26, 137-21, 26, 138-26, 141-26, 142-26, 144-28, 145-26, 146-26, 147-26, 148-26, 149-26, 150-26, 152-26, 153-25, 26, 154~158의 26

류삼안(柳三眼) 1-3, 22, 1-34, 2-2, 16, 3-2, 6-15, 21, 7-6

류석동(柳錫東), 류형, 류 11-3, 13-1, 2, 15, 15-9, 17-16, 23, 25, 18-4, 25, 19-25, 20-26, 27, 21-24, 22-25, 23-5, 40-3, 41-7, 42-13, 43-9, 25, 45-3, 25, 46-1, 6, 47-11, 48-1, 49-1, 11, 16, 50-3, 21, 51-2, 13, 52-2, 17, 53-1, 9, 13, 26, 54-7, 21, 55-17, 23, 25, 26, 56-2, 9, 57-1, 21, 58-13, 15, 59-10, 19, 60-3, 17, 61-8, 16, 17, 63-23, 81-18, 84-7, 18, 98-23, 99-15, 100-7, 102-23, 109-21, 150-18

류영모(柳永模), 류선생(柳先生) 31-25, 45-26, 53-25, 58-13, 61-4, 8, 9, 10, 16, 74-23, 75-24, 89-25, 90-18, 21, 92-25, 93-23, 97-19, 22, 100-3, 25, 119-21, 21, 120-23, 124-2, 7, 125-26, 127-19, 129-25, 130-20, 135-3, 20, 139-9, 141-26, 150-19, 152-25, 153-8, 154-5, 155-11, 21, 156-12, 157-9, 11, 14, 158-9

류일운(柳一雲) 133-24

륜돈(倫敦) → 런던(London)

르낭(J. E. Renan) 49-17, 68-7, 8

르네상스(Renaissance) 139-25

리버풀(Liverpool), 리버푸-ㄹ 50-18, 134-17

리비아(Libya) 46-18

리빙스턴(D. Livingstone), 리빙스톤 3-20, 5-21, 6-11, 16-2, 17-2, 21-7, 22, 30-24, 42-0, 51-7, 13, 17, 63-1, 72-6, 74-25, 82-1, 91-21, 123-1, 134-9

《리빙스톤 전기(傳記)》 71-16

리쿠스(Lycus) 강 122-4, 136-8, 137-5

리투아니아(Lithuania), 리톼니야 138-23

리틀턴(Lyttelton), 리틀톤, 릿틀톤 13-25

리히터(Richter), 리히타 91-5

린제 68-24 *루터 전기 저자

림즈 → 랭스(Reims)

릿쿄대학(立敎大學) 61-12, 73-13

링컨(A. Lincoln), 링칸, 린컨 3-10, 16-19, 21-7, 22, 26-5, 27-25, 55-9, 63-1,
        65-25, 74-9, 84-20, 86-0, 87-20, 90-10, 91-21, 92-13, 102-1, 103-19,
        122-3, 123-1, 2, 138-24, 148-5

링컨(Lincoln) 시, 린콘市 143-19

《링컨 이야기(リンカン物語)》121-18

ㅁ

마가비 가(家) 11-10

마니산(摩尼山) 103-20

마루노우치가이죠(丸內海上) 빌딩 83-23

마루젠 서점(丸善書店) 83-23

마르세유(Marseille), 말세이유 82-7

마르쿠스 아우렐리우스(Marcus Aurelius), 아우렐류스 38-6

마르크스(K. Marx), 말크스, 맑스 5-32, 6-11, 29-23, 45-12, 52-25, 67-12, 13

마르크스주의(Marxism), 맑스주의 51-0, 140-24

마르키온(Marcion), 마-ㄹ시온, 마아시온 57-2, 67-19

마르티누스(Martinus) 5세(교황) 86-15

마마누-라 폐하(陛下) 91-22 *아프가니스탄 황제

마목사(馬牧使) → 마포삼열(馬布三悅, S. A. Moffet)

마사이케 진(政池仁) 102-12, 127-23, 26, 134-19

마산(馬山) 15-26, 24-25, 71-16, 125-19, 135-24

마산독립(馬山獨立)(예수)교회(敎會) 15-26, 24-24

《마소레본(本)》(마소라 본문, Masoretic Text) 65-19, 84-3

마스도미 안자에몬(桝富安左衛門) 73-23

마슨 53-19, 22 *밀턴 연구가

마식령(馬息嶺) 70-3, 74-3

마쓰다(松田) 19-17

마쓰마에 시게요시(松前重義) 94-23, 95-23, 26, 99-20, 101-23, 113-25, 127-

마쓰모토 자전거접(松本自轉車店), 마쓰모토 자전거포 90-21, 95-23

미쓰야(松屋, 백화점) 83 24

마쓰야마(松山) 136-22

마쓰오 하루오(松尾春雄) 136-21

마쓰자와(松澤) 중좌(中佐) 144-21

마쓰헤이(松平) 89-22

마운트 에어리(Mount Airy) 신학교 141-11

〈마원전(馬援傳)〉 7-9

마이모니데스(M. Maimonides) 61-15

마이스너(B. Meissner) 71-14, 15

마이어(H. A. W. Meyer), 마이엘 36-14, 36-25, 37-10, 55-26, 57-1

마지노선(Ligne Maginot, 독일-프랑스 국경에 쌓은 요새) 136-8, 137-16

마치니(G. Mazzini), 마찌니 65-7, 67-3

마카베오(Maccabeus), 마카비 132-9

마케도니아(Macedonia), 마게도니아 72-3, 24

마코-레- 91-21

마키노 도미타로(牧野富太郎) 127-21

마키아벨리(N. Machiavelli), 마키아베리 24-10

마킨레 산 → 매킨리 산(Mt. McKinley)

마-타 57-2 *교부

마틴데일(Martindale) 148-17 *신부

마포(麻浦) 30-25, 80-20, 92-24, 98-19

마포삼열(馬布三悅, S. A. Moffet) 87-19

마하연(摩訶衍) 92-24

마한(馬韓) 69-5, 70-4

마호메트(Mahomet), 마호멧트, 마호멜 27-1, 3, 38-6, 46-0, 59-10, 91-21,
　　　126-2, 144-22

막북(漠北) → 몽골(Mongolia)

만경(萬頃) 70-3

만경평야(萬景平野) 139-25

만리장성(萬里長城) 57-0, 64-3, 67-9, 88-12, 132-3

만리현(萬里峴) 예배당 76-22

만모스동(洞) → 매머드 동굴(Mammoth Cave)

만몽(滿蒙) 37-20

만물상(萬物相) 25-18

만선만노(滿鮮萬奴) 72-8

만세교(萬歲橋) 140-26, 145-1

만월대(滿月臺) 125-24

만유인력(萬有引力) 131-10, 132-10

만인구원론(萬人救援論), 만인구증론(萬人救拯論) 42-25

만주(滿洲), 만(滿) 45-14, 50-23, 51-25, 55-25, 61-10, 25, 62-15, 62-18, 66-3, 5~8, 68-4, 5, 17, 69-3, 4, 8, 10, 12, 70-3, 4, 7, 9, 10, 71-4, 7, 23, 72-3, 5, 11, 22, 24, 73-3, 24, 74-0, 7, 21, 76-21, 77-11, 78-3~7, 17, 19, 28, 29, 79-3, 4, 20, 23, 80-0, 8, 9, 19~21, 23, 24, 81-19, 24, 82-8, 21, 22, 83-21, 23, 84-18, 84-23, 86-27, 28, 87-21~23, 89-22, 24, 90-25, 92-25, 93-5, 94-15, 20, 22, 110-22, 23, 120-18, 22, 24, 121-14, 22, 23, 123-22, 124-21, 24, 126-1, 2, 128-22, 23, 130-24, 131-25, 136-21, 137-22, 139-19, 20, 23, 140-23, 24, 141-18, 20, 21, 25, 142-9, 143-19, 23, 144-19, 20, 23, 150-18, 156-17

만주국(滿洲國) 76-24, 25, 78-19, 83-21, 88-24, 96-21, 121-24, 137-20, 149-25, 150-25

만주문제(滿洲問題) 94-26

만주봉길선(滿洲奉吉線) 90-21

만주사변(滿洲事變), 만주동란(滿洲動亂) 34-0, 39-1, 82-21, 105-23, 106-8, 21, 142-11

만주소학교(滿洲小學校) 139-23

만주의과대학(滿洲醫科大學) 94-19

만주조선(滿洲朝鮮) 70-5, 7, 74-3

만폭동(萬瀑洞) 129-24

말갈(靺鞨) 72-3

말친오세(五世) → 마르티누스(Martinus) 5세(교황)

맘몬(Mammon) 84-32

망경대(望景臺) 137-24

망소산(望小山) 94-18

망우리(忘憂里) 74-24

망우현(忘憂峴) 70-21

망월사(望月寺) 142-24

메머드 동굴(Mammoth Cave) ㅓ 32

매사추세츠(Massachusetts) 주, 마사츄셋주 91-10

매산리(梅山里) 57-23

매켄지(C. MacKenzie), 맥켄지 133-13, 134-15

매킨리 산(Mt. McKinley) 62-17

맥도(貊都) → 춘천(春川)

맨스필드(Mansfield) 칼리지, 맨쓰필드 칼리지 158-22

맬더스(Malthus), 말사스 91-21

맹목의 의지(盲目의 意志) 93-8

맹우회(盲友會) 93-22

맹자(孟子), 맹(孟) 15-25, 17-18, 21-14, 17, 35-19, 36-16, 72-11, 74-6, 76-10,
    85-21, 86-17, 121-7, 125-9, 133-6, 145-8, 154-9

《맹자(孟子)》 61-1, 71-3

맹중리(孟中里) 21-24, 53-24

메구로 구(目黑區) 94-26

메기드(Maguide, 프랑스) 66-18, 70-13

메소디스트(Methodist) 158-20

메소지스트교 → 감리교(監理敎)

메소포타미아(Mesopotamia), 메소포다미아, 메소포다미야 8-11, 11-12, 38-7,
    46-18, 55-10, 124-4

메이스필드(J. Masefield), 메이쓰필드 151-14

메이어(Meyer), 메이아 53-22

메이지(明治) 18-4~7

메이지신궁(明治神宮) 코-스 92-0

메이지유신(明治維新) 94-24

메이지절(明治節) 95-22, 143-25

메이지학원 신학부(明治學院神學部) 20-24

메이플라워 호(Mayflower), 메이플라와 배 51-3

메테르니히(K. von Metternich), 멧테르니히 15-5, 67-3

멕시코(Mexico) 42-0, 65-16, 92-19

멘델(G. Mendel) 90-10, 103-17, 107-17, 142-14

멜란히톤(P. Melanchthon) 136-12

멸악산(滅嶽山) 37-24, 25

명(明, 나라) 73-3, 74-7, 78-4, 5, 7, 79-3

명륜정(明倫町) 113-23, 25, 115-21, 24, 119-24, 25, 120-21, 23, 26, 121-20, 122-16, 123-21, 22, 25, 26, 124-17, 19, 26, 125-19, 23~26, 126-26, 127-21, 24~26, 128-26, 130-8, 26, 131-2, 21~23, 26, 132-19, 22, 23, 26, 133-25, 26, 134-22, 25, 26, 135-20, 24, 136-25, 137-19, 139-24

《명상록(冥想錄)》 38-6

명석동(銘石洞) 128-23, 138-24

명성황후(明成皇后) 80-10

《명신록(名臣錄)》 74-8

명신학교(明新學校) 144-19

명월관(明月館) 122-19

명종(明宗, 조선) 76-5, 7

명지산(明智山) 117-20, 129-23, 25

모건(G. C. Morgan) 19-7, 20-12

모건(L. H. Morgan) 91-7

모건(T. H. Morgan) 89-5

모니카(Monica) 36-12

모더니즘(Modernism), 모던이즘 24-9

모란대(牧丹臺) 94-20

모례(毛禮) 70-9

모리 오가이(森歐外) 53-22

《모리가와 선생(森川先生)》 153-20

모리스홀(Morris Hall) 86-29

모방(P. P. Maubant) 80-8

모북사상(慕北思想) 73-5

모세보다미아 → 메소포타미아(Mesopotamia)

모스크바(Moscow) 62-21

모어 → 무어(T. Moore)

모토야마무라(本山村) 88-26

목단강(牧丹江) 150-3, 4, 25

목단강시(牧丹江市) 149-25

목동리(沐洞里) 129-23, 24

목포(木浦) 54-24, 57-22, 23, 61-25, 62-19, 66-24, 75-21

목포역(木浦驛) 57-23

목회신학(牧會神學) 94-3

몬·부란 → 몽블랑(Mont Blanc)

몬·산·쟝 → 몽 생 장(Mont Saint Jean)

몰간 → 모건(G. C. Morgan), 모건(L. H. Morgan)

몰로카이(Molokai, 하와이의 섬), 몰로가이 75-19, 76-2, 21, 80-21

몰트케(H. von Moltke) 91-21

몽 생 장(Mont Saint Jean) 85-21~23

몽골(Mongolia), 몽고(蒙古), 몽(蒙) 70-10, 72-5, 7~9, 73-3, 8, 79-6, 80-23, 85-
          23, 120-18, 126-22

몽블랑(Mont Blanc) 38-6

몽운사(夢雲寺) 81-2

몹세스틔아의 듸오델 57-1

묘숙(昴宿), 묘성(昴星) 39-5

묘조학원(明星學園) 127-23

묘청(妙淸) 72-5~7

묘향산(妙香山) 20-27, 21-24, 62-18, 92-24, 115-23, 25, 116-0, 22, 23, 117-19,
          141-26

무교정성결교회(武橋町聖潔教會) 18-24

무교회(無敎會), 무교회주의(無敎會主義) 18-13, 20-22, 23, 35-25, 37-24, 44-
          26, 45-3, 46-26, 56-23, 57-26, 61-9, 72-22, 74-19, 75-1, 77-13, 81-
          0, 26, 82-26, 83-24, 84-20, 86-1~4, 87-7~9, 21, 23, 88-23, 91-23,
          92-1, 94-0~2, 21, 95-22, 23, 98-17, 100-1, 20, 101-1, 24, 103-21,
          120-20, 122-14, 24, 123-4, 6, 10, 19, 26, 124-12, 125-25, 26, 126-26,
          127-26, 128-10, 26, 129-24, 132-14, 26, 133-26, 134-10, 14, 135-11,
          12, 17, 23, 136-0, 1, 2, 7, 11, 13, 14, 19, 26, 137-4, 24, 26, 138-4, 22,
          26, 139-1, 23, 140-1, 4~6, 20, 26, 141-26, 142-26, 144-28, 145-26,
          146-26, 147-26, 148-26, 149-20, 150-26, 151-2, 152-26, 153-16, 154-
          26, 155-26, 156-18, 26, 157-26, 158-5, 26

《무교회(無敎會)》 121-26, 122-26, 125-26, 126-26, 127-26, 128-26, 131-26,
          132-26, 134-26, 136-26, 137-26, 138-26, 141-26, 142-23, 26, 144-
          28, 145-26, 146-26, 147-26, 148-26, 149-26, 150-26, 152-26, 153-

26, 154-26, 155-26, 156-26, 157-26, 158-26

무교회론(無敎會論) 92-24, 95-22

무교회배격론(無敎會排擊論) 91-23

무교회신도(無敎會信徒), 무교회신자(無敎會信者) 86-0, 4, 5, 88-0, 11, 93-1

무교회신앙(無敎會信仰) 무교회적 신앙 85-2, 18, 85-23, 86-2, 87-20, 93-1, 94-8, 95-22

무교회주의자(無敎會主義者), 무교회자(無敎會者) 84-20, 93-1, 2, 94-2, 26, 95-0, 96-2, 97-1, 98-21, 151-2, 153-1, 155-1

무구수태설(無垢受胎說) 86-11

무-데 → 무디(D. L. Moody)

무디(D. L. Moody), 무-디, 무-듸 3-10, 11-22, 16-2, 21-22, 133-11, 143-16, 157-23

무라도리 67-3

무라도리 정경(正經) 57-3

무라이 쥰이치(村井純一) 82-1, 2, 22, 23

무라이(村井) 84-18

무사도(武士道) 20-23

무사시노(武藏野) 136-25, 149-3

무사시노사카이(武藏野境) 68-24

무사시노학원(武藏野學園) 87-20, 95-20, 97-21, 101-23, 102-12, 121-22

무산(茂山), 무산군(茂山郡) 92-24, 151-25

무생대(無生代) 93-8

무생물시대(無生物時代) 93-5

무생물진화설(無生物進化說) 91-6

무솔리니(B. Mussolini), 못솔리니 72-2, 79-1, 136-9, 138-22

무수시대(無水時代) 93-5

무순탄광(撫順炭鑛) 94-18

무신론(無神論) 15-5, 25-6, 28-6, 29-12, 36-23, 46-16, 65-2, 69-25, 73-12, 134-17

무어(T. Moore) 48-4

무영탑(無影塔) → 석가탑(釋迦塔)

무오사화(戊吾史禍) 76-5

무자선인장(無刺仙人掌) 92-18

47

무장하식 전화(無裝荷式電話) 95·26

무저항주의(無抵抗主義) 30-18

무전론(無戰論) 18-4

무정부주의(無政府主義) 127-10

무종매(無種梅) 92-19

무천당론(無天堂論) 144-14

무코 군(武庫郡, 효고 현) 88-26

묵서가(墨西哥) → 멕시코(Mexico)

묵헌(默軒) → 이만운(李萬運)

묵호자(墨胡子) 70-9

문경읍(聞慶邑) 57-17

문부성(文部省) 121-22

문산역(汶山驛) 62-24

문세영(文世榮) 117-23

문신활(文信活), 문군(文君), 문형(文兄) 75-18, 76-2, 12, 19, 20, 24, 25, 77-12,
　　　　15, 16, 78-18, 19, 25, 80-18, 23, 25, 81-18, 21, 24, 83-0, 87-10, 25,
　　　　88-9, 19, 89-17, 20, 93-20, 98-23, 111-17, 116-13, 121-18, 21

문예부흥(文藝復興) 20-8, 80-3, 4

문예부흥운동(文藝復興運動) 11-15, 16

문익점(文益漸) 74-1

문일평(文一平) 124-2, 7, 125-26

문종(文宗, 고려) 72-8

문종(文宗, 조선) 75-3~6, 8, 9

문주봉(文珠峰) 81-25, 82-21

문천(蚊川, 경주) 23-21, 22

문천상(文天祥) 17-13

문천읍(文川邑) 149-12

《문헌비고(文獻備考)》 79-6

문화상회(文華商會) 143-22

물리학(物理學) 90-3

물에산에 72-22~24, 74-21~24, 81-18, 19, 25, 82-21, 124-24, 127-19

물질만능주의(物質萬能主義) 91-8

48　물질주의(物質主義) 24-9, 25-2

뮐러(G. Muller), 뮬러 139-15, 140-14, 143-16

뮐러(M. Karl M?ller), 뮐레 4-6

뮤라- 91-21

뮤즈(Muse) 88-3

미국(米國, 美國), 미주(米洲), 미주(美州) 12-24, 15-3, 18-7, 13, 20, 20-11, 24-
    25, 25-1, 27-20, 31-17, 35-2, 37-20, 38-22, 42-0, 45-7, 50-24, 54-19,
    55-9, 56-25, 58-0, 62-16, 18, 19, 64-1, 4, 65-4, 66-1, 5, 14, 69-2, 9,
    71-19, 73-14, 22, 75-20, 24, 77-13, 78-22, 79-10, 81-1, 84-1, 17, 86-
    0, 90-10, 91-20, 94-16, 121-2, 22, 122-0, 124-25, 127-23, 130-19,
    20, 132-0, 8, 22, 25, 133-13, 20, 134-18, 136-11, 137-22, 140-23,
    141-10, 12, 14, 15, 142-23, 143-18, 144-0, 145-13, 21, 146-9, 147-13,
    148-7

미국인(米國人, 米人) 18-7, 8, 17, 54-19, 61-0, 146-7, 147-13

미국정부(米國政府) 92-19

미나미 지로(南次郎) 128-22, 130-19, 135-0, 137-0

미나카이(三中井, 백화점) 144-20

미노베 료키치(美濃部亮吉) 82-21, 22

미동병원(美東病院) 53-24

미라보(Honoré-Gabriel Riqueti, comte de Mirabo) 22-15

미륵도(彌勒島) 62-20

미스 베어(Ms. Bear) → 배의례(裵義禮)

미시시피(Mississippi), 미시시피 강, 미시십피, 미시십피 강, 미시싶피강, 미
    싯싯피, 미씨시피, 밋싯피 18-2, 38-7, 62-16, 17, 66-5, 69-9, 88-6,
    140-8, 23

미시시피 하반(河畔) 72-2

미쓰코시(三越, 백화점) 83-24, 120-21, 124-20, 136-24, 138-19

미쓰코시 고후쿠텐(三越吳服店) 94-22

미아리(彌阿里) 37-25

미주리(Missouri), 미조리 140-23, 143-19

미진산(迷鎭山) 94-18

미타니 다카마사(三谷隆正) 19-14, 102-12

미타카무라(三鷹村) 121-22

49   〈미타평론(三田評論)〉 107-20

미후노 도시찐(이딜비아) 67-19

미휘리(未輝里) 35-25

민립대학(民立大學) 21-6

민비(閔妃) → 명성황후(明成皇后)

민성휘(閔聖徽) 78-5

《민족과 평화(民族と平和)》 94-26

민족주의(民族主義) 57-10, 63-17, 65-7, 72-23, 74-23, 127-10, 142-21

민형래(閔炯來), 민훈도(閔訓導), 민군(閔君), 민형(閔兄) 125-21, 126-21, 127-20,
      142-4~6, 23, 25, 143-12, 19, 144-21

밀(J. S. Mill), 87-21, 91-21

밀스앤분(Mills and Boon, 출판사) 141-9

밀카엘엔젤로 92-4

밀턴(J. Milton), 밀톤, 밀튼 6-15, 7-9, 10-6, 11-3, 7, 20-26, 27, 21-17, 22, 46-1,
      51-23, 52-3, 53-13~22, 55-24, 57-2, 82-7, 88-3, 91-21, 122-15, 141-
      13

ㅂ

바라문교(波羅門教) → 브라마니즘(Brahmanism)

바로크식, 바락식 72-21

바르샤바(Warszawa) 129-24

바르트(K. Barth) 63-21, 74-21, 76-1

바리새인, 바리새교인 27-4, 5, 9, 22, 30-16, 32-6, 33-24

바리새주의(主義) 27-4, 86-6, 87-5, 93-9,

바발강 141-13

바-방크 → 버뱅크(L. Burbank)

바-방크 포테토- → 버뱅크 감자

바우아도레우스 49-17

《바울 회심론(回心論)》 13-25

《바울의 생애》 →《바울행적》

바울주의 20-8

《바울행적》 49-11, 50-11, 51-13

바이런(G. G. Byron), 바이론 1-1, 91-21

바이칼 호(Lake Baikal) 68-17

바질 → 베르길리우스(Publius Vergilius Maro)

바턴(C. Barton), 바-톤 119-1

바턴(G. A. Barton) 71-15

바티칸(Vatican), 봐티칸 64-25, 80-5

바티칸궁(宮) 93-1

《바티칸전(典)》 64-25

박대근(朴大根) 84-18, 87-18

박동호(朴東鎬) 142-21, 143-23

박문서관(博文書館) 120-18, 26, 134-23

박물학(博物學) 60-1

박서(朴犀) 72-9

박석현(朴碩鉉) 150-19

박승걸(朴承傑) 35-25

박승봉(朴勝鳳) 19-16

박승봉(朴勝瓦) 32-25

박영효(朴泳孝) 130-20

박윤동(朴允東) 134-22, 138-19

박재봉(朴在奉) 35-25

박정수(朴晶水) 154-18

박창성(朴昌成) 90-21, 95-23, 96-22, 133-19

박천(博川) 21-24, 32-25, 53-24, 137-24, 145-24

박태현(朴泰鉉) 94-22 95-25

박팽년(朴彭年) 75-6

박혁거세(朴赫居世) 73-6, 74-4

박현명(朴炫明) 75-23

박희숙(朴熙淑) 121-21

반 버스커크(Van Buskik), 반복기(潘福奇) 65-10

반(反)바울주의(主義) 86-14

《반계수록(磻溪隧錄)》 79-5

반룡산(盤龍山) 128-24

반복적불변자(反復的不變者) 88-5

반얀, 빤얀 → 번연(J. Bunyan)

반월면(半月面) 74-25

반월성(半月城) 23-21

반종교운동(反宗敎運動) 130-1

발기(發岐, 고국천왕의 형제) 67-6

발성영화(發聲映畵) 73-25

발칸(Balkans) 반도 11-8, 42-0, 62-20, 143-5, 149-5

발-토 49-17 *예수전을 씀

발트 → 바르트(K. Barth)

발틱(Baltic), 발틕, 발틕크 5-34, 62-20, 23

발해(渤海) 72-3, 4, 82-7, 94-18

《발해고(渤海考)》79-6

방공협정(防共協定) 96-21

방궤울루(Bangweulu, 호수) 17-2

방사압설(放射壓說) 91-5

방애인(方愛仁) 131-0, 133-7, 24

《방애인소전(方愛人小傳)》69-22, 72-22, 91-22, 24, 133-24

방웨올로 → 방궤울루(Bangweulu, 호수)

방철원(方哲源) 19-24, 22-17

배선표(裵善杓) 18-24

배양론(排洋論) 20-22

배영대회(排英大會), 배영시민대회 126-25, 128-21

배의례(裵義禮) 111-24

배재고보(培材高普), 배재(培材) 64-0, 95-22, 25

배재중학교(培材中學校), 배재(培材) 127-22, 132-22, 141-22

배화여자고등보통학교(培花女子高等普通學校), 배화여자고보(培花女子高普), 배
화여고보, 배화고등여학교(培花高等女學校), 배화고녀(培花高女), 배화
학교(培花學校), 배화여학교(培花女學校) 41-25, 61-12, 73-16, 77-11,
135-25, 142-24

백국(白國), 백(白) → 벨기에(Belgium)

백남용(白南鏞) 46-25, 77-12, 86-25

백남주(白南柱) 19-16, 35-25

백두산(白頭山) 52-9, 62-17, 62-18, 19, 23, 24, 68-4, 72-11, 73-8, 74-1, 3, 8,

76-8, 92-24, 94-22, 124-3, 125-0, 132-2, 139-26, 140-22, 150-3

백련사(白蓮寺) 74-21

백련산(白蓮山) 72-22

백령도(白翎島) 62-19

백률사(栢栗寺) 23-22, 82-24

백림(伯林) → 베를린(Berlin)

백림(伯林) 올림픽 → 베를린 올림픽(Berlin Olympics)

백백교(白白教) 140-6

백봉현(白鳳鉉) 62-25

백산(白山) 89-12

백수한(白壽翰) 72-5, 6

백악기(白堊紀) 93-6, 94-14, 95-3, 4

백악산(白岳山) 71-16, 81-25

백암산(白岩山) 104-21, 22

백오인사건(百五人事件) 64-14

백운교(白雲橋) 23-22

백운대(白雲臺) 69-23, 71-16, 95-9, 20, 121-16, 25, 125-21, 140-26

백의이(白義耳) → 벨기에(Belgium)

백의족(白衣族) 17-15

백제(百濟) 67-5, 68-3, 70-3~5, 73-3, 7, 124-18

백포리(白浦里) 57-23

백합화(白合花) 147-10

버뱅크 감자 91-11

버뱅크(L. Burbank) 90-10, 90-11, 91-10~12, 14, 92-17~20

버질(Vergil or Virgil), 버-질 → 베르길리우스(Publius Vergilius Maro)

버크(E. Burke) 91-5

버킹엄(Buckingham) 궁전 139-13

번리(樊里) 70-22, 126-24

번연(J. Bunyan) 4-18, 6-11, 11-22, 22-23, 24, 24-22, 25-13, 30-24, 33-17, 49-4, 50-21, 73-5, 91-24, 99-5, 119-4, 136-22

번즈(R. Burns), 버-ㄴ즈 22-15, 91-21

번지(樊遲) 24-1

벌킷(F. C. Burkitt) 27-3

범신론(汎神論) 16-3, 29-12, 53-16

범어사(梵漁寺) 57-20

범종자설(泛種子說) 91-5

법상동교회(法尙洞敎會) 57-18

법왕무류설(法王無謬說) → 교황무오류설(敎皇無誤謬說)

법화경(法華經) 21-14, 147-8

법황령(法皇令) 86-12

베넷(A. Bennett), 베네트 133-13, 134-17, 18, 139-17

베니스(Venice) 61-14, 122-15

〈베니스의 상인(商人)〉 88-23

베도라 → 페트라르카(F. Petrarca)

베렝가(Berengar of Tours, 혹은 Berengarius) 86-13

베렝갈 → 베렝가(Berengar of Tours, 혹은 Berengarius)

베르그송(H. Bergson), 베르그손 89-5

베르길리우스(Publius Vergilius Maro) 4-8, 47-11, 53-14, 19

베르나르(Bernard de Clairvaux), 베르나-드 4-10, 51-13

베르사유 궁(Palace of Versailles), 벨사이유궁 138-23

베르톨레(A. Bertholet) 66-19, 70-14

베를린 올림픽(Berlin Olympics) 90-22

베를린(Berlin) 62-21, 63-12, 85-25, 92-0, 23, 94-25, 95-21, 149-4, 151-25

베스타로치 → 페스탈로치(J. H. Pestalozzi)

베스테르마르크(E. Westermarck) 66-15, 70-11

베아트리체(Beatrice), 베아티리최 7-24

베이컨(F. Bacon), 베-콘 72-23, 90-10, 91-20

베토벤(L. v. Beethoven), 베-토벤 91-21

베트남(Vietnam) 80-5

벤 존슨(Ben Johnson) 142-7

벤네비스 산 62-18

《벤실라-의 지혜(智慧)》 64-17, 19

벨기에(Belgium) 62-16, 137-25, 138-24

벨라르민(R. Beellarmine), 벨라민 27-1

《벨텔의 번로(煩勞)》→《젊은 베르테르의 슬픔》

벳쇼 우메노스케(別所梅之助) 73-16

벵겔(J. A. Bengel) 36-14, 25, 55-26, 57-1, 140-10

벽산리(碧山里) 35-25

변영태(卞榮泰) 43-26

변증학(辨證學) 94-3

변한(弁韓) 69-5

〈별건곤(別乾坤)〉 72-22

《병상의 친구에게(病床の友へ)》 75-21, 76-24, 77-16, 17, 78-18, 83-21, 85-2

《병우(病友)》 141-17

병자호란(丙子胡亂), 병자란(丙子亂) 78-6, 8, 9, 79-3, 6

보고밀(Bogomil) 86-13

보국문(補國門) 69-23 * '輔國門'의 오자인 듯.

보국문(輔國門) 81-19, 87-22, 95-20, 121-25, 143-21, 145-1

보름스 회장(會場) 7-40

보름스(Worms) 회의(會議), 보름스 국회 9-20, 40-0, 53-1, 63-1

보름스(Worms), 보름쓰 11-16, 20-11, 22-5, 23-25

보배(김교신 집에서 일하던 아이) 121-17

보성전문학교(普成專門學校) 79-19

보세이 가쿠주쿠(望星學塾) 121-22

보수정(寶水町) 일본기독교회(日本基督教會) 134-26, 135-24

보수주의(保守主義) 66-3, 72-5

보스톤(Boston), 뽀스톤 156-9

보천교(普天教) 34-8, 47-0

보천교도(普天教徒) 84-1

보카치오(G. Boccaccio) 86-16

보토현(補土峴) 81-25, 89-25, 92-22, 93-23, 120-18, 25, 142-24, 145-1

보편구원론(普遍救援論) 80-22

보편적 구증설(普遍的 救拯說) → 보편구원론(普遍救援論)

보헤미아, 보헤미야 → 체코슬로바키아(Czechoslovakia)

보현사(普賢寺) 21-24, 92-24

〈복락원(復樂園)〉 11-7

복음교회(福音教會) 93-22, 122-16, 132-14

《복음은 적도를 넘어(福音は赤道を超えて)》 127-26

복음주의(福音主義) 38-17~19, 40-3, 46-14, 47-3, 47-5, 60-1, 6, 62-23, 63-25,

64-0, 120-4, 132-26, 133-26, 136 26, 137 26, 138 6, 26, 141 26, 142-26

복주물약수(藥水) 88-25

본 대학(Universität Bonn) 74-21

본정(本町) 120-18, 129-21, 139-22, 142-23, 143-20

본정(本町) 백화점가 145-23

볼가(Volga) 강, 볼가하(河) 18-2, 62-16

볼드윈(S. Baldwin), 뽈드윈 148-15

볼셰비키즘(Bolshevikism), 볼쉐비시즘, 볼셰비즘, 볼쉬비즘, 뽈쉬뷔즘 37-6, 7, 20, 139-10, 13, 152-9, 158-21

봄베이(Bombay) 95-22

봉래구상(蓬萊丘上, 양정학교를 의미) 74-23, 77-16, 82-23

봉래사(蓬萊寺, 양정학교를 의미) 21-25, 89-21, 91-24, 95-20

봉래산(蓬萊山) 25-11, 93-20, 25, 98-25, 105-20, 107-23

봉래정(蓬萊町) 81-19, 87-0, 90-21, 95-21, 23, 120-21, 122-21, 123-22, 126-21, 128-20, 129-21, 131-21, 135-20

봉산군(鳳山郡) 138-25

봉서산(鳳棲山) 100-20

봉원사(奉元寺) 79-22

봉은사(奉恩寺) 69-23, 127-19

봉의산(鳳儀山) 89-20, 129-9

봉천(奉天, 중국 심양) 93-26, 94-16, 18, 19, 134-22, 138-19, 144-19, 150-3, 4, 25

《봉천30년(奉天三十年)》125-24

봉해선(奉海線) 50-24

뵐러(F. Wöhler), 뵐라 91-6

부곡리(釜谷里, 파주) 62-25, 100-20

부남군도(扶南群島) 62-19

부다페스트(Budapest) 120-17

부디스트(Buddist), 부듸스트 8-4, 5

부리지스 → 브리지스(R. Bridges)

부리텐해안 → 브리튼(Britain) 해협

부민관(府民館) 145-21

부벽루(浮碧樓) 94-19

부산(釜山) 30-25, 54-24, 57-20, 62-21, 63-21, 66-0, 69-21, 75-16, 19, 78-18, 80-25, 83-24, 121-23, 124-17, 131-23, 133-26, 134-26, 135-20, 23, 24, 136-25, 137-26, 141-17, 23, 24, 144-27, 150-25

부산 감만리교회(戡蠻里教會), 병원교회 75-17, 78-18

부산 감만리나병원(戡蠻里癩病院), 부산병원(釜山病院) 75-16, 78-18, 80-25

부산역(釜山驛) 121-21

부산호텔 135-24

부스(W. Booth), 부-쓰, 뿌-쓰 133-11, 136-18, 143-16, 157-23

부시맨(Bushman) 12-16, 91-19

부여(扶餘) 124-18

부인양성학교(婦人養成學校) 133-22

부전고원(赴戰高原) 104-21, 22, 127-24

부조현(不朝峴) 74-5

부천군(富川郡) 34-0, 92-21

부활론(復活論) 86-28

부활사(復活社) 80-26, 81-26, 82-25, 83-25, 26, 84-20~23, 34, 85-14, 15, 26, 86-16, 25, 26, 28, 29, 87-19, 20, 26, 88-24, 26, 89-21, 22, 24, 26, 90-21~25, 91-22, 92-26, 93-25, 26, 94-21, 22, 26, 95-20, 21, 26, 96-21, 22

부흥목사(復興牧師) 85-1

북간도(北間島) 29-25, 68-0, 102-23

북경(北京) 80-6~9, 123-25, 140-21

북극(北極) 12-16, 145-1

북릉(北陵) 94-19

북독일(北獨逸) 11-15

북만(北蠻) 136-1

북만주(北滿洲) 96-21, 110-23

북미합중국(北美合衆國, 北米合衆國) → 미국(米國, 美國)

북벌(北伐) 72-3~6, 73-3, 4, 79-4

북본정(北本町) 153-25

북빙양(北氷洋) 134-9

북성당서점(北星堂書店) 120-18

북송(北宋) 79-5

북수백산(北水白山) 62-18

북악(北岳) 72-23, 86-10

북악산(北嶽山) 119-0

북양(北洋) 130-6

북조선(北朝鮮), 북선(北鮮) 62-15, 89-22

북진정책(北進政策) 72-6

북천(北川) 23-22

북청(北青) 24-25, 48-25

북카롤리나 → 노스캐롤라이나(North Carolina)

북평(北平, 북경의 옛 이름) 62-21

북한강(北漢江) 129-25

북한산(北漢山), 북한(北漢) 61-10, 62-18, 71-16, 73-22, 85-26, 89-1, 21, 23,
　　　26, 91-0, 22, 92-23, 24, 93-19, 23, 95-9, 20~25, 96-21, 24, 97-20,
　　　98-0, 17, 19, 23, 99-19, 21, 100-24, 25, 102-22, 106-21, 107-0, 22,
　　　116-1, 23, 119-0, 120-23, 24, 121-17, 19, 25, 122-19, 124-0, 18, 19,
　　　22, 25, 125-21, 126-10, 127-22, 129-9, 23, 130-21, 131-0, 23, 132-
　　　19, 23, 24, 133-20, 135-24, 136-24, 25, 137-17, 23, 24, 138-23, 139-
　　　25, 26, 140-26, 141-21, 143-21, 145-1, 152-15, 16

북한산록(北漢山麓) 88-22

북한산마루(北漢山丸, 선박) 128-9, 129-19

북한산성(北漢山城) 81-19, 90-22, 95-20, 124-19

북한산양목장(北漢山羊牧場) 90-26, 91-26

북한학원(北漢學園) 119-21, 24, 25, 120-12, 17~19, 22, 23, 25, 121-13, 19~21,
　　　122-16, 17, 21, 23, 25, 123-21, 22, 124-17~21, 125-20, 22, 126-22,
　　　127-22

북해(北海, 유럽) 62-23, 66-7, 69-11

북해(北海, 중국 베이하이) 137-8

분란(芬蘭) → 핀란드(Finland)

분황사(芬皇寺) 23-22

불가리아(Bulgaria) 58-0

불가지론(不可知論) 20-15, 91-6, 134-15, 138-16, 139-17

불경(佛經) 126-8

불경사건(不敬事件) 18-4, 18, 136-9

불계속설(不繼續說) 89-5

불교(佛敎), 불(佛) 21-14, 28-19, 25, 32-16, 37-14, 41-0, 42-5, 43-8, 45-26,
　　　　72-11, 73-7, 8, 76-10, 82-5, 6, 8, 84-1, 85-22, 93-25, 95-26, 124-0,
　　　　2, 7, 125-20, 130-15, 135-14, 17, 137-4, 140-6, 26, 142-17, 25, 143-13

《불교의 일본적 전개(佛敎の日本的展開)》95-21, 26

불국(佛國), 불(佛) → 프랑스(France)

불국사(佛國寺) 23-22, 39-0, 57-19, 82-0, 8, 24

불국인(佛國人) → 프랑스인

《불국혁명사(佛國革命史)》→《프랑스혁명사》

불란서(佛蘭西) → 프랑스(France)

불란서대혁명 → 프랑스혁명

불란서인(佛蘭西人) → 프랑스인

불변자(不變者) 88-4, 5

《불신양교지합체성경(佛神兩敎旨合體聖經)》120-26

불인(佛印) → 인도차이나 반도

불인(佛人) → 프랑스인

붓슈만, 붓슈만족(族) → 부시맨(Bushman)

브나로드(Vnarod) 운동 47-0

브라마니즘(Brahmanism) 145-9

브라마푸트라 강(Brahmaputra R.), 부라마푸트라 29-4

브라우닝(R. Browning), 브라우닝 46-1

브라운즈호텔(Brown's Hotel), 뿌라운즈호텔 136-18, 137-12, 140-15

브리스톨(Bristol), 부리스톨, 뿌리스톨 139-14, 140-14, 155-21

브리지스(R. Bridges) 53-22

브리튼(Britain) 해협 50-11

브릭스 22-12 ＊성서연구자

브릭스톤교회(Brickstone Church), 뿌릭스톤교회 147-18

비(非)유클리드 154-10

비교회(非敎會) 74-0, 75-2, 76-1

비교회주의(非敎會主義) 20-22

비도(比島) → 필리핀(Philippines)

비로봉(毘盧峯) 21-24, 38-6, 62-17

비봉(碑峯) 129-25

비스마르그(Bismarck), 비스밀크, 비스밁 91-21, 103-0, 131-1

비시니아(Bithynia), 빗듸니아 46-17

비전론(非戰論) 18-4, 136-1

비전주의 제창사건(非戰主義提唱事件) 18-18

비텐베르크(Wittenberg) 4-8, 80-5

비투스(Vitus), 얜이투쓰 46-18

비판철학(批判哲學) 51-24

빅토리아 시대(Victorian era), 빅톨시대 86-17

빅토리아 여왕(Queen Victoria), 빅톨여왕 31-16, 86-17, 24

《빈민굴에 계신 하나님(God in the Slums)》139-18

빈첸시우스(Vincentius), 얜이켄듸우쓰 46-18

빌리지(Village) 80-24

빌헬름(Wilhelm) 3세 91-22

빙조(氷鳥) 5-34

빠-ㄴ즈 → 번즈(R. Burns)

뻬네트 → 베넷(A. Bennett)

빽킹감궁전 → 버킹엄(Buckingham) 궁전

뻐-크 → 버크(E. Burke)

뿌릭스 → 브릭스

ㅅ

사가리(四街里, 고창) 57-23

사군(四郡) 74-8

《사군지(四郡志)》79-6

《사기(史記)》54-13

사노 마나부(佐野學), 사노(佐野) 84-33

사대모화(事大慕華) 74-8

사대주의(事大主義) 72-4

《사랑》120-19, 26, 122-25

《사랑과 인식과의 출발(愛と認識との出發)》152-2, 153-13, 156-19, 157-15

사량도(蛇梁島) 62-20

사리(四里) 122-19

사리원(沙里院) 124-17

사명당(泗溟堂) 21-24

사무엘 그린(Samuel Green), 삼우엘 그린 85-15

사보나롤라(G. Savonarola), 사보나로-라 86-16

사비에르 → 하비에르(F. Xavier)

사상설(史相卨) 81-23

사생아교회(私生兒敎會) 88-0, 93-22

사서(四書) 21-14

사서삼경(四書三經) 26-22, 133-21

사실주의(事實主義) 49-17

사쓰마(薩摩) 80-7

《사씨남정기(謝氏南征記)》 82-8

사옹(沙翁) → 셰익스피어(W. Shakespeare)

사육신(死六臣) 43-25, 75-7

사이고 다카모리(西鄕隆盛) 136-10

사이렌(Siren) 48-4

사이리악 6-15 *밀턴의 시에 등장하는 인물

사이죠칸(西城館) 83-23, 136-24

사이토 히데사부로(齊藤秀三郎) 65-2, 132-8, 135-23

사이토(齊藤) 선생 68-20

사체불(四體佛) 23-23

사토 게이타로(佐藤慶太郎) 77-7, 9, 10

사토 규자부로(佐藤九三郎) 136-9

사토 도쿠지(佐藤得二), 사토(佐藤) 75-24, 86-6, 89-16, 87-26, 95-21, 95-26, 97-23, 98-23, 24, 99-19, 100-20, 101-2, 24, 118-25, 120-24, 25, 121-22, 136-24, 25, 75-24

사토 타로(佐藤太郎) 95-20

사토(佐藤) 56-25, 88-22

사토(佐藤) 교수 144-19

사토(佐藤) 신흥생활관 77-9

사토미 야스키치(里見安吉) 사토미, 사토미 선생, 사토미 형 134-23, 26, 135-

61

20, 24, 139-20, 143-26, 144-19, 27, 145-22, 24, 25, 146-24, 25, 147-24, 25, 148-24, 149-24, 150-24, 151-24, 26, 152-24, 153-24, 155-24, 156-24

사파토미 → 삽바톤(Savbaton)

사하라(Sahara), 사와라 42-0

사해(死海) 95-9

사해동포주의(四海同胞主義) 24-7

《사회과학대사전(社會科學大辭典)》89-4

사회운동(社會運動) 86-24

사회주의(社會主義) 15-5, 20-16, 26-8, 27-19, 45-13~15, 52-3, 57-10, 61-5, 68-24, 80-1, 86-4, 5, 127-10, 134-12, 139-2, 142-21

사회주의운동(社會主義運動) 16-13

사회학(社會學) 20-14, 16

《산 우주(宇宙)》90-9

산다 씽, 산다싱 → 선다 싱(Sundar Singh)

산동(山東) 78-7, 8

산동반도(山東半島) 66-3, 69-8, 70-10

산림파(山林派) 76-7

《산상수훈연구(山上垂訓研究)》55-26, 56-26, 58-26, 59-26, 60-26, 62-26, 63-26, 64-26, 65-26, 66-26, 67-26, 68-26, 69-26, 71-26, 72-26, 74-26, 75-26, 76-26, 77-14, 16, 20, 78-30, 79-21, 23, 28, 81-20, 25, 26, 82-26, 83-21, 26, 84-34, 85-26, 87-26, 88-26, 89-26, 90-25, 91-26, 92-26, 93-26, 94-26, 95-26, 120-26, 121-26, 122-26, 125-26, 126-26, 127-26, 128-26, 131-26, 132-26, 133-22, 26, 134-26, 136-26, 137-26, 138-20, 26, 141-26, 142-26, 143-20, 144-28, 145-22, 26, 146-26, 147-26, 148-26, 149-26, 150-26, 151-20, 152~158호의 26

산서(山西) 78-8

산성진(山城鎭) 76-25

산성진역(山城鎭驛) 50-24

《산수경(山水經)》79-6

산업혁명(産業革命) 24-10

산요센(山陽線) 83-23, 121-21

산타로-자 → 샌타로자(Santa Rosa) 92-20

《산해경(山海經)》67-3, 4

살라미스(Salamis) 50-17

살라미스(Salamis) 해전(海戰), 살라미쓰 해전 11-16

살리반 → 설리번(A. Sullivan)

살리타(撒禮塔) 72-8

삼각산(三角山) 76-3, 86-10, 90-19, 97-25, 98-0, 100-25, 133-20

삼각정(三角町) 76-22

삼강오륜(三綱伍倫) 128-17

삼개(三介) 73-3

삼경(三經) 21-14

삼국(三國, 고려 이전) 72-5, 73-26, 74-3, 26, 75-4, 8, 26, 76-7, 8, 77-20, 78-30,
          79-28, 80-3, 10, 81-26, 82-5, 7, 26, 83-26

삼국(三國, 중국) 82-11

삼국동맹(三國同盟) 142-23

《삼국사기(三國史記)》67-5, 68-3, 70-4

《삼국유사(三國遺事)》68-3

《삼국지(三國志)》114-21

삼남(三南) 73-5

삼니테 인(Samnites), 삼니테-인(人) 11-12

삼막사(三幕寺) 77-14, 80-24

삼묘리(三墓里) 142-19

삼산면(三山面) 59-26

삼석불(三石佛) 23-22

삼선(三善) 73-3

삼선교(三仙橋) 125-23

삼선평(三仙坪) 91-24

삼성산(三聖山) 77-14

삼악산(三岳山), 삼악(三岳) 85-9

삼엽충시대(三葉虫時代) 94-9, 10

삼우당(三友堂) 115-19, 22, 116-24, 120-17, 22, 121-13, 21, 24, 124-20

삼우당시계점(三友堂時計店) 153-25

삼위일체론(三位一體論) 46-25, 47-6

삼일천하(三日天下) 18-25

63

삼전도(三田渡) 78-6, 8, 79-3

삼전포(二十浦) 12/-16

삼첩기(三疊紀) 93-6, 94-14, 95-5

삼평(三平) 138-23

삼학사(三學士) 79-4

삼한(三韓) 69-5, 73-6

삽바톤(Savbaton) 73-14

삿포로(札幌), 삽보로 18-16, 62-21, 136-1

삿포로 농학교(札幌農學校) 삽보로 농학교 18-17, 115-25, 136-9

삿포로(札幌) 독립교회 128-12, 13

상대성원리(相對性原理) 51-24

《상록수(常綠樹)》122-25, 123-20, 21, 133-7

상변자(常變者) 88-4

상삼봉(上三峯) 128-24

상운사(祥雲寺) 121-25

상운암(上雲庵) 35-25, 37-25

상원암(上原庵) 21-24

상주(尙州) 82-24

상천도(上川島) 80-5

상춘원(賞春園) 91-22, 92-25

상해(上海) 20-24, 39-1, 84-19. 120-17, 18, 151-25

상현(想峴) 122-16, 124-18, 22, 125-21, 23, 132-12, 133-7, 140-26, 144-27,
        145-1, 152-15, 16

《새 생명의 길》54-25

새라미스 → 살라미스(Salamis)

새비어 → 하비에르(F. Xavier)

샌타로자(Santa Rosa, 캘리포니아) 92-20

샘골학원 124-17

《생(生)의 실현(實現)》92-6

생명기원부지론(生命起源不知論) 91-7

생물시대(生物時代) 93-6

생물학(生物學) 90-3

《생물학강화(生物學講話)》66-19

《생물학과 생물진화(生物學と生物進化)》91-6

생번(生蕃, 타이완 원주민) 82-11

생육신(生六臣) 76-3, 4

《생활개변자(生活改變者)》140-15, 141-9

샤스타(Shasta) 국화(菊花), 샤스타-국(菊) 92-19

샤스탕(J. H. Chastan), 사스탕 80-8

샴마이 파(Schammai), 샴매 파 29-6

서강(西江) 75-9

서강교회(西江敎會) 32-25

서거정(徐居正) 76-7

서경(西京) 72-6

서계동(西界洞) 80-20

서기하(徐起河) 34-0, 114-12, 149-3

서대문(西大門) 17-23, 72-22, 74-23, 90-1, 123-22

서대문형무소(西大門刑務所) 38-26

서리(西里, 강원도 고성군) 151-25

서림공립심상소학교(西林公立尋常小學校) 142-8

서면(西面, 경기도 시흥군) 142-8

서반아(西班牙, 西班亞) → 스페인

서반아내란(西班牙內亂) → 스페인 내란

서백리아(西伯利亞) → 시베리아(Siberia)

서북지방(西北地方) 85-1

서비리아(西比利亞) → 시베리아(Siberia)

서빙고(西氷庫) 128-22, 23

서산대사(西山大師) 21-24

서상(西上) 57-22

서서(瑞西, 西瑞) → 스위스

서악(西岳, 경주) 23-20, 22, 82-24

서악서원(西岳書院) 23-20

서양인교회(西洋人敎會) 87-19

서옹(書翁) → 존슨(S. Johnson)

서운사(棲雲寺) 21-24

서울 → 경성(京城)

서울명치정회당(明治町會堂) 93-1

서웅성(徐雄成) 72-23

서인(西人) 78-26, 80-6, 8

서인도제도(西印度諸島) 42-0

서장안가(西長安街) 149-25, 150-25

서전(瑞典) → 스웨덴(Sweden)

《서전(書傳)》 21-14

서종면(西鍾面) 138-25

서주(徐州) 함락(陷落) 제등행렬(提燈行列) 114-21

서창제(徐昌濟) 19-15, 16

서천(西川, 경주) 23-21

서춘(徐椿) 107-20

서-크시스 → 크세르크세스(Xerxes)

서탑(西塔, 중국 심양) 94-19

서학(西學) 80-6

서해(西海) 143-21

서호(西湖) 85-10

석가(釋迦), 석가모니(釋迦牟尼), 석가세존(釋迦世尊) 5-15, 5-32, 7-24, 12-15,
　　　24-2, 5, 27-3, 28-19, 24, 36-16, 38-6, 39-1, 42-2, 5, 47-11, 12, 64-7,
　　　72-11, 76-10, 80-2, 89-12, 91-20, 92-4, 88-2, 120-6, 125-9, 132-21,
　　　137-3, 143-1, 145-7, 153-18, 158-9

석가탑(釋迦塔) 23-22, 39-0, 82-24

석굴암(石窟庵) 23-22, 23, 39-0, 65-9, 82-0, 8, 142-19

석란간석상(石欄干石床) 23-21

석모리(席毛里) 59-26

석빙고(石氷庫) 23-21

석왕사(釋王寺) 127-24, 129-24

석존제(釋尊祭) 124-24

석탄기(石炭紀) 93-6, 94-12, 14, 95-3

선광인쇄소(鮮光印刷所) 91-24, 25, 92-21, 93-23, 24, 94-22, 23

선다 싱(Sundar Singh), 선다싱 1-22, 4-31, 21-22, 76-1, 112-14

선더랜드, 썬더랜드 148-13

선린상업학교(善隣商業學校), 선린(善隣) 75-20

선신세(鮮新世) 93-6

선양 → 봉천(奉天)

《선의 연구(善の硏究)》 152-2

선인(鮮人) → 조선사람

선조(宣祖) 76-7, 78-3, 4, 6

선종(禪宗) 135-17

선죽교(善竹橋) 47-25, 125-24

선천(宣川) 17-25, 20-27, 25-25, 53-24, 71-17, 98-19

선천총회(宣川總會) 88-14

선한 목자의 교회(프랭크 부크맨이 개척한 교회) 141-11

설리번(A. Sullivan) 102-24, 103-0

성 마가 사원 122-15

성 바울 사원 134-15

성 버-너드 → 베르나르(Bernard de Clairvaux)

성 베르나르도(St. Bernardus) → 베르나르(Bernard de Clairvaux)

성 캐더린 수도원, 성카타린수도원 64-25

성 푸란씨쓰 → 프란체스코(Francesco d' Assisi)

성 후란시쓰 → 프란체스코(Francesco d' Assisi)

성(聖) 헬레나 고도(孤島) → 세인트헬레나(Saint Helena) 섬

성결교(聖潔敎) 37-18, 46-0, 74-0, 75-1, 21, 23, 76-0, 126-16, 132-14, 133-26, 134-26

《성결교리의 오류(潔めの敎理の誤謬)》 143-22

성결교파(聖潔敎派) 92-1

성결교회(聖潔敎會) 19-17, 18, 86-2, 89-21, 91-2, 92-22, 93-1

성길사한(成吉斯汗) → 칭기즈칸

성담수(成聃壽) 76-3

성동역(城東驛) 129-24, 139-24

성리학(性理學) 76-7, 79-5

〈성모명상(聖母冥想)〉 145-21

성백용(成百庸) 21-24, 37-25, 138-23, 154-25

성북동(城北洞) 20-22, 81-25, 88-23

성북정(城北町) 138-11, 140-22

성삼문(成三問) 14-5, 6, 47-26, 68-6, 73-26, 74-23, 26, 75-6, 9

〈성서강대(聖書講臺)〉 20-25

〈성서강의(聖書講義)〉 95-22, 99-22, 23, 101-10, 21, 23, 24, 102-24

성서박물학(聖書博物學) 147-10

성서비평학(聖書批評學) 94-3

《성서식물고(聖書植物考)》 73-16

성서연구회(聖書硏究會) 84-22, 87-22

〈성서영남(聖書嶺南)〉 75-24, 80-23

〈성서의 연구(聖書之硏究)〉 18-20, 21, 19-6, 15~17, 20, 21, 94-1, 136-1, 9, 146-
    11, 147-10, 157-1

《성서의 일본(聖書の日本)》 119-25, 127-23, 134-19

《성서적 입장에서 본 세계역사(世界歷史)》, 《세계역사(世界歷史)》 70-26, 72-25,
    73-11~13, 15, 16, 21, 22, 25, 74-24, 25, 122-19, 124-20

《성서적 입장에서 본 조선사(朝鮮史)》, 《성서적 입장에서 본 조선역사(朝鮮歷
    史)》, 《조선역사(朝鮮歷史)》 61-3, 62-9, 63-13, 64-3, 65-3, 66-3, 67-3,
    68-3, 69-3, 7, 71-3, 72-3, 22, 24, 73-0, 3, 11, 25, 26, 74-3, 26, 76-3,
    22, 26, 77-17, 20, 78-3, 18, 26, 27, 29, 30, 79-3, 19, 23, 28, 80-3, 23,
    81-26, 82-5, 21, 26, 83-22, 26, 84-24, 34, 85-26, 120-20, 22, 123-21,
    124-2, 20, 136-20, 143-1, 146-25, 147-25, 148-25

성서지리(聖書地理) 147-9

《성서지식(聖書知識)》 68-0, 68-2, 95-22, 136-22

성서지식사(聖書知識社) 61-9

성서통신(城西通信) 85-0

성서학(聖書學) 94-7

성신목사(聖神牧師) 85-1

성장적불변자(成長的不變者) 88-5

성조사(聖朝寺, '약사사藥師寺'의 독경과 새벽 종소리를 '성조사聖朝社'의 성서 낭독과 기도
    에 비유적으로 표현한 말) 91-24

성종(成宗, 고려) 71-7, 8

성종(成宗, 조선) 76-3, 4, 6~8, 80-5

성지봉체주간(聖旨奉體週間), 봉체주간(奉體週間) 126-25, 127-18, 19

성진(城津) 19-16

성진의원(聲振醫院) 83-24

성천(城川) 70-3

성천(星泉) 형님 → 유성천(柳星泉)

성천강(城川江) 16-10, 104-21, 22

성포(星浦) → 호시가우라(星浦)

〈성화(聖化)〉 81-20, 127-24

세검정(洗劍亭) 119-0, 129-25

세계국가사상(世界國家思想) 24-7

《세계문화사 대계(The Outline of History)》 24-2

세네카(L. A. Seneca) 91-20

세베루스(Severus) 74-9

세브란스 의학전문학교, 세브란스의전(醫專), 세부란스 의전(醫專) 84-17, 85-
    24, 93-21, 97-24

세브란스병원, 세부란스병원, 세부란스의원 79-22, 122-17

세브란스의전병원약국(세브란스醫專病院藥局) 90-18

세브란스의전학생기독교청년회(세브란스醫專學生基督教靑年會) 85-24

세부란시(世富蘭偲)의학전문학교(醫學專門學校) → 세브란스 의학전문학교

세스트러스 49-15

세스페데스(G. de Cespedes), 쎄쓰페데쓰 80-5

세우구니쓰 → 테오그누스(Theognus of Nicaea)

세우니쓰테오누스(Theonus of Marmarica)

세인트헬레나(Saint Helena) 섬 25-10, 46-0, 88-2

세인트헬레나(Saint Helena), 센트헬레나 51-6, 85-21

세조(世祖) 75-3~8, 10, 76-3~6, 8

세종(世宗) 74-6~8, 75-3~6, 8, 76-3, 79-5

세쿤두스(Secundus of Ptolemais), 세쿤두쓰 46-20

세키가하라(關ヶ原) 27-12

세키야 데이자부로(關屋貞三?) 136-25

셀리그만(C. G. Seligman), 셀릭만 89-4

셀베터스(Servetus) 59-12

셀웨루스 → 세베루스(Severus)

셀윈 칼리지(Selwyn College), 쎌윈 칼리지 154-19

셰익스피어(W. Shakespeare) 32-25, 38-6, 7, 47-11, 50-20, 51-23, 53-18, 55-
    24, 63-3, 75-7, 86-0, 91-21, 96-23, 113-1, 148-5, 149-1, 150-6, 9

셸리(P. B. Shelly), 쉘리 107-9, 120-9

소격동(昭格洞) 17-25, 21-24

소격란(蘇格蘭) → 스코틀랜드(Scotland)

소동파(蘇東坡) 62-12

소-라 → 사우러트 (D. Saurat) 53-16

소래면(蘇來面) 34-0

소련(蘇聯), 소(蘇) 121-22, 123-22, 130-19, 22, 132-22, 138-23

소록도(小鹿島) 58-25, 59-25, 67-23, 69-22, 75-15, 17, 18, 25, 76-2, 22, 24,
77-14, 17, 19, 78-15, 18, 19, 21~25, 28, 29, 79-19, 21, 26, 80-0, 20~23,
25, 81-18~21, 23, 24, 82-1, 2, 4, 15, 21~23, 25, 83-0, 20~22, 84-10,
18~21, 24, 85-14, 24, 25, 86-8, 25~27, 29, 87-18, 19, 21, 22, 25, 88-9,
11, 12, 89-19~21, 90-23, 92-26, 93-20, 22, 24, 94-21, 95-16, 22, 24,
96-1, 22, 23, 25, 97-19, 21, 24, 98-7, 99-0, 101-24, 102-23, 103-20,
106-8, 107-2, 108-22, 109-0, 19, 111-20, 22, 112-17, 114-23, 116-24,
119-13, 120-12, 22, 121-14, 18, 20, 24, 122-8, 124-17, 21, 125-20, 23,
24, 126-19, 131-18, 19, 24, 132-19, 24, 133-23, 24, 135-21, 136-20,
25, 137-17, 138-11, 19, 143-20~22, 24, 145-10, 17, 18, 145-22, 157-19

소록도갱생원(小鹿島更生園), 갱생원(更生園) 75-18, 76-23, 24, 77-17, 78-
22~25, 79-22, 80-21, 22, 82-1, 83-22

소록도소학교(小鹿島小學校) 132-24

소록도지소(小鹿島支所) 86-26

소마(相馬) 140-20

소백산(小白山) 62-18, 24, 74-4, 136-1

소백산맥(小白山脈) 57-17, 62-18, 62-20

소산리(小山里) 92-23

소아시아, 소아세아(小亞細亞) 33-6, 40-9, 46-18, 50-12′57-3~6, 61-26, 62-
22, 65-13

소양강(昭陽江) 129-9

소양정(昭陽亭) 129-9

소양통(昭陽通) 85-25

소예언서(小豫言書) 93-9

〈소요유(逍遙遊)〉 154-7

소조령(小鳥嶺) 57-17

소주(蘇州) 80-8

소크라테스(Socrates), 소크라데스, 소클라테스, 소크라테-스, 쏘크라테스(쓰), 소구라테스, 소크(라)테쓰 5-15, 32, 7-10, 24, 40, 10-16, 11-12, 12-15, 27-3, 15, 36-16, 38-6, 47-11, 12, 25, 50-17, 51-21, 52-1, 2, 62-18, 65-6, 80-2, 86-8, 15, 88-2, 92-4, 123-4, 125-9, 126-8, 145-9

소포클레스(Sophocles), 소포크레스 13-21

손가장(孫哥場) 69-22, 72-23, 89-25, 120-25, 139-20, 140-26

손기정(孫基禎), 손군(孫君) 83-24, 85-25, 90-22, 92-0, 23, 24, 93-24, 94-21, 24, 95-20, 21, 98-21, 103-20, 104-24, 107-20, 120-18, 129-9, 20, 143-19

손두옥(孫斗玉) 121-19

손문(孫文) 23-4, 69-2

손순천(孫淳天) 120-21

손양원(孫良源), 손전도사(孫傳道師), 손씨 75-16, 17, 77-12, 87-25, 88-10

손정균(孫楨均) 143-21, 144-23, 145-10

송도(松都) 71-5, 73-7, 145-22

송두용(宋斗用), 송형(宋兄), 송(宋) 1-4, 32, 2-2, 30, 3-32, 33, 4-16, 38, 5-22, 27, 6-33~36, 7-2, 29, 10-22, 11-22, 17-25, 18-12, 24, 25, 19-1, 24, 25, 20-17, 21-13, 23~25, 22-25, 23-24, 25, 24-24, 25-25, 30-1, 19, 24, 25, 31-2, 11, 22, 25, 37-25, 39-26, 40-25, 55-25, 58-13, 60-7, 61-7, 8, 16, 62-25, 64-23, 66-22, 68-23, 70-26, 71-24, 26, 72-23, 25, 73-11, 12, 22, 74-23, 77-14, 78-22, 79-23~25, 27, 80-24, 82-23, 84-18, 22, 85-14, 86-16, 25, 89-22, 92-23, 94-26, 95-26, 96-22, 97-18, 22, 98-18, 23, 100-23, 101-19, 23, 104-13, 25, 105-13, 15, 106-17, 107-13, 108-13, 22, 24, 109-21, 110-8, 24, 25, 111-21, 24, 113-22~24, 114-22, 118-22, 116-21, 24, 117-21, 118-22, 119-19, 20, 120-17, 18, 22~26, 121-19, 122-17, 123-12, 26, 124-9, 20, 21, 26, 125-23, 24, 26, 126-11, 16, 21, 26, 127-8, 17, 21, 26, 128-10, 15, 23, 129-10, 21, 24, 130-9, 13, 26, 131-11, 23, 26, 132-2, 13, 26, 133-5, 23, 25, 26, 134-22, 26, 135-20, 24, 136-23, 24, 137-23, 24, 150-18 , 154-25

송복음(宋福音) 133-24

송산농사학원(松山農事學院), 송산학원(松山學院) 134-7, 14, 135-19, 136-20, 137-17, 23, 138-9, 139-21, 25, 26, 145-19, 23, 25, 156-19

송산리(松山里) 134-7, 14, 137-22, 24, 145-19, 147-25

송산상회(松山商會) 134 14

송석자(宋錫子), 석자(錫子) 37-25

송석진(宋錫珍) 121-22

송시열(宋時烈) 79-4

송악(松岳) 155-11

송악산(松嶽山) 100-20

송인호(宋仁鎬) 128-9

송정교(松亭橋) 91-25, 139-20

송정리(松汀里) 57-23

송조(宋朝) 76-8

송종호(宋宗鎬) 128-9

송진우(宋鎭禹) 42-25

송판용(宋判用) 84-18

송필수(宋珌秀) 88-26

송학(宋學) 82-5

송화강(松花江), 송화(松花) 66-6, 68-17, 69-10, 70-3, 140-23, 150-3

송후용(宋厚用) 40-25, 41-25, 96-21, 106-21, 112-20

쇼로키(咲良喜) 143-24 *서울 회현동(욱정)에 있던 요정

쇼펜하우어(A. Schopenhauer), 쇼펜하웰 89-5, 155-7

수길(秀吉) → 도요토미 히데요시(豊臣秀吉)

수락산(水落山) 152-16

수메르(Sumer) 73-14

수색리(水色里), 수색(水色) 64-24, 69-21

수술동서원(手術同棲願) 89-19

수안(遂安) 76-23, 77-11

수양대군(首陽大君) 75-3~5

수에즈(Suez) 운하, 스에즈 운하 95-22

수에즈(Suez), 스에즈 55-10, 66-0, 69-2

수운(水雲) → 최제우(崔濟愚)

수원(水原) 31-25, 33-25, 55-25, 57-24, 71-25, 73-23, 74-25, 75-24, 76-21, 107-24, 120-25, 122-19, 20, 123-20, 124-17, 24, 131-0, 137-21, 144-24, 27, 149-2

수원고등농림학교(水原高等農林學校), 수원고농(水原高農) 73-24, 75-24, 88-22,

26, 91-25, 123-20, 131-0, 144-19, 149-2, 155-10

수원농림학교(水源農林學校) 41-25, 55-25

수원농사시험장(水原農事試驗場) 92-24

수원역(水原驛) 23-20

수원천주교당(水原天主敎堂) 71-25

〈수차소옥(水車小屋)〉 145-21

수철리(水鐵里) 81-19

수피아여학교(須彼亞女學校) 105-23

숙종(肅宗, 조선) 72-3, 79-4, 5, 80-6

순안(順安) 140-23

순암(順菴) → 안정복(安鼎福)

순영리(巡營里) 141-25

순육론(純肉論) 77-12

순조(純祖) 80-8

순천(順天) 57-23, 127-16

순화병원(順和病院) 125-24

숭신인조합(崇神人組合) 84-1

숭실전문학교(崇實專門學校), 숭실학교(崇實學校), 숭실교(崇實校), 숭전(崇專)
      87-19, 21, 96-23, 136-22

숭실중학교(崇實中學校) 82-22

숭인면(崇仁面) 90-26, 91-26, 98-0, 115-25, 127-22, 151-26

숭인면사무소(崇仁面事務所) 141-22

숭인소학교(崇仁小學校), 숭인공립소학교(崇仁公立小學校) 121-20, 125-21, 141-
      22

숭일학교(崇一學校) 105-23

쉑스피야, 쉑스피어 → 셰익스피어(W. Shakespeare)

슈바이쳐(A. Schweitzer), 슈와이첼, 슈와이첼 42-0, 123-1

슈파이어(Speyer, 독일) 20-4

슈트라우스(Straus) 49-17 *예수전을 쓴 사람

스가모(巢鴨) 83-23, 136-24

스구듸아 → 스키타이(Scythian)

스기나미무라(杉並村) 1-2

스기우라 데이지로(杉浦貞二郎) 65-15

스루가다이(駿河臺) 77-7, 10

스마일즈(S. Smiles), 스마일 85-12

스머스 14-15

스미다 구(墨田區) 68-2

스미스(G. A. Smith) 14-23

스미스(W. R Smith) 66-18, 19, 67-13, 16, 70-13, 14

스미야 덴라이(住谷天來) 127-24

스베덴보리(E. Swedenborg), 스웨덴봄 76-1

스오 마사스에(周防正季) 80-21

스웨덴(Sweden) 42-0, 62-16, 23, 154-23

스위스(Swiss), 스이스 42-0, 62-16, 140-13, 142-17, 148-20

스이켄노하마(水軒ノ濱) 148-20

스즈키 도시로(鈴木俊郎) 88-26, 118-20

스즈키 스케요시(鈴木弼美) 127-26

스카라 싼타의 성제(聖梯) 20-11

스칸디나비아(Scandinavia), 스칸디나비야반도 62-23, 93-5

스코트 52-24

스코틀랜드(Scotland), 스코트란드, 스콧트란드, 스콜란드 62-16, 18, 91-10,
　　　　126-1, 140-13, 16, 143-18, 158-22

스콜라 철학(Scholasticism), 스코라철학 15-7

스콜라학파(學派) 86-14

스키너(B. F. Skinner) 71-14

스키타이(Scythian) 22-1

스타우피츠(J. Staupitz), 스타우피튜스 60-17

스타인메츠(S. R. Steinmetz) 66-15, 70-11

스탈린(J. Stalin) 79-1, 102-0, 24

스토(H. B. Stowe), 스토우 부인 119-0

스토커(J. Stalker), 스토-커 40-3, 41-7, 42-13, 43-9, 46-6, 49-11, 50-11, 51-
　　　　13, 52-17, 53-9, 54-21, 56-9, 18

스트레사(Stresa) 회의(會議) 76-24

스파르타(Sparta), 스팔타 70-7

스페인(Spain) 42-0, 46-18, 62-24, 80-5, 95-23

스페인(Spain) 내란(內亂) 92-26

스펜서(Spencer) 53-18

스핑크스(Sphinx), 스핑그쓰 9-3, 11-8

슬라브(Slav)족, 스랍족 42-0

승로반(承露盤) 17-20

승만경(勝鬘經) 7-9

승호리(勝湖里) 77-18, 92-24

시게노 텐라이(繁野天來), 시게노(繁野) 53-14, 15

《시내전》(시나이성서 사본, Codex Sinaiticus) 64-25

시라키(白木, 백화점) 83-24

시메리오 86-16

시모노세키(下關) 83-23, 121-21, 136-25

시미즈 준조(清水俊藏), 시미즈(清水) 19-17, 18

시바 구(芝區) 121-22, 136-21

시베리아(Siberia) 5-34, 12-16, 20-24, 66-8, 68-17, 69-12, 80-5, 93-7, 130-
    22

시부사와 에이이치(澁澤榮一) 148-5

시부야 구(澁谷區) 136-21, 22

시생대(始生代) 93-6, 93-7, 94-9

시신세(始新世) 93-6

시온(Zion) 14-22

시온운동 121-11

시원대(始原代) 93-5

시저, 시-자, 씨-자-, 시-서, 시-서- → 카이사르(G. J. Caesar)

《시전(詩傳)》 21-14

시즈오카(静岡) 134-19, 20

시천교(侍天敎) 32-16

시카고(Chicago) 62-21, 148-7

시풍씨(時豊氏) → 최시풍(崔時豊)

시항씨(時恒氏) → 최시항(崔時恒)

시황제(始皇帝) → 진시황(秦始皇)

시흥(始興) 57-24, 73-25

시흥군(始興郡) 142-8

시흥역(始興驛) 153-26, 154-18

식도원(食道園) 135-24

식산은행(殖産銀行) 88-24

신(新)라마르크파(Lamarck派) 89-5

신간회(新幹會) 39-1, 72-23

신갈(新葛) 122-20

신갈역(新葛驛) 101-20

신경(新京) 74-21, 106-24, 107-23, 126-19, 129-20, 139-23, 140-3, 141-18,
　　　143-23, 144-19, 20, 22, 150-4, 25

신경역(新京驛) 144-20

신경준(申景濬) 79-6

신계사(神溪寺) 35-25, 37-25

신고산(新高山) 62-17

《신곡(神曲)》 21-17, 38-6, 49-19, 50-3, 51-23, 53-14, 57-2, 145-1, 19, 150-9

신교(新敎) 20-6, 7, 20-10, 11, 23, 72-26, 74-26, 75-26, 76-26, 77-20, 78-30,
　　　79-28, 80-5, 81-26, 82-26, 126-16, 132-14, 136-3, 7, 137-5

신교도(新敎徒) 37-18

신교자유(信敎自由) 84-32, 33

신근(申槿) 89-14, 20

신근철(申瑾澈), 신군 89-22, 90-23, 93-20, 129-25, 131-25, 134-24

신근철(申槿哲), 신군, 신씨, 신형, 형 73-11, 15, 22, 85-13~17, 86-9~14, 16, 17,
　　　87-21, 88-22, 97-7, 98-17, 18, 109-17, 111-11, 113-13, 114-13, 115-25

신농씨(神農氏), 신농(神農) 74-1, 149-3

신도(神道) 18-16

신돈(辛旽) 73-3, 7

신라(新羅), 신라문화(新羅文化) 14-20, 23-20~23, 60-2, 61-10, 68-3, 70-4, 5,
　　　7~9, 71-4~7, 72-6, 73-3, 7, 74-3, 82-5, 8

신라인(新羅人) 23-22, 23

신란(親鸞, 일본 승려) 148-7

신림리(新林里) 69-25, 80-24

신립(申砬) 78-6

신본주의(神本主義) 48-4

신비주의(神秘主義) 81-21, 121-3, 5, 135-14, 136-14

신사참배(神社參拜) 84-22, 24, 31, 85-16, 106-8, 21

신상익(申常翼) 117-25, 118-19

신상익(愼尙翼) 125-19, 151-21

신생대(新生代) 93-6, 94-14, 95-3~5

신생리(新生里) 121-18, 145-18

신성각(新聲閣) 129-26

신성학교(信聖學校) 20-27

신숙주(申叔舟) 75-5, 9, 10, 76-4

〈신시온(新シオン)〉 109-20

신신사상(信神思想) 86-1

《신앙(信仰)과 인생(人生)》 130-26, 131-20, 24, 26, 132-23, 133-20, 22, 145-1, 19, 150-9

〈신앙생활(信仰生活)〉 87-25, 88-9, 11

신앙적극단(信仰積極團) 75-2

신앙혁명(信仰革命) 77-12

《신약성서개요(新約聖書槪要)》 145-26

《신약성서그리스어(ギリシヤ語) 독습(獨習)》 146-23

《신약성서약주(新約聖書略註)》 70-26

《신약성서어구색인(新約聖書語句索引)》 146-23, 153-22

〈신약성서원어입문(新約聖書原語入門)〉 146~153호의 24, 155-24, 156-24

〈신약지식(新約知識)〉 146-23

신양리(新陽里) 134-14, 141-20

〈신여성(新女性)〉 72-22

신영주(新英州) → 뉴잉글랜드(New England)

신예정설(新豫定說) 86-12

〈신우(信友)〉 80-20, 23, 82-21

신의주(新義州) 20-27, 98-19, 129-26, 143-25, 150-25

신인동형동성설(神人同形同性說) 122-15, 16

신일서관(信一書館) 140-26, 141-20

신정(神政) 54-13

《신정찬송가(新訂讚頌歌)》 127-22, 128-23

신주쿠(新宿) 121-23

신주쿠역(新宿驛) 136-24

신지도(薪智島) 62-20

77

신채호(申采浩) 72-6

신천리교회(新川里教會) 70-25

신촌(新村) 123-25

신학(神學) 51-15, 53-20

신학론(神學論) 94-7

〈신학세계(神學世界)〉 80-23, 91-23

〈신학지남(神學指南)〉 19-14, 21, 20-23, 68-6, 77-14, 84-20, 86-1, 2, 88-11

신호(神戶) → 고베(神戶)

신흥군(新興郡) 수력전기발전소(水力電氣發電所) 45-26

〈신흥기독교(新興基督敎)〉 95-23

신흥사(新興寺) 137-19

〈신흥생활(新興生活)〉 77-7, 8~10, 87-22, 26, 98-20, 103-23

신흥학교(新興學校) 105-23

실과상공학원(實科商工學院), 상공학원(商工學院) 17-24, 25

《실낙원(失樂園)》 21-17, 51-23, 52-3, 53-13~22, 57-2

실렐 91-21

실리(J. H. Seelye) 19-21, 136-9, 12, 13

실베스테르 1세(Silvester I), 씰베스털 46-18

실학(實學) 79-5, 80-3, 6, 10

심기원(沈器遠) 78-7

심양(瀋陽) 78-7, 8

심준섭(沈駿燮) 88-23, 73-23

〈심청전(沈淸傳)〉 44-6, 81-2, 24, 82-8

심해선(瀋海線, 중국 철도) 72-24

심훈(沈熏), 심씨 122-25

십자군(十字軍) 79-3, 80-5, 123-7, 131-2, 143-16

십자봉(十字峯) 131-19

《싸우는 사도(Fighting Angel)》 130-21

싼다싱그- → 선다 싱(Sundar Singh)

쌍성(雙城) 73-3

쇠뙤(부민정富民町) 88-10

쉑스피아, 쉑스피어 → 셰익스피어(W. Shakespeare)

쓰다 소키치(津田左右吉) 66-15, 70-11

78

쓰보우치 쇼요(坪內逍遙) 78-21, 53-22

쓰윙구리 → 츠빙글리(H. Zwingli)

쓰카모토 도라지(塚本虎二), 쓰카모토(塚本), 츠카모토 19-14, 61-9, 83-23, 94-
　　　1, 95-22, 101-25, 102-12, 136-22

씨리- → 실리(J. H. Seelye)

씨자, 씨자-, 씨-자-, 씨-사 → 카이사르(J. Caesar)

ㅇ

아가시(J. L. Agassiz) 94-5, 6

아간쓰 91-10 *과학자

아그리파(Agrippa) 135-17

〈아기교육(赤ちゃん教育)〉 130-25

아놀드(M. Arnold), 아-놀드 51-24

아다나시우쓰 → 아타나시우스(Athanasius)

아덴, 아덴스 → 아테네(Athens)

아드리아 해(Adriatic Sea), 아도리아해 52-18

아디스아바바(Addis Ababa), 아디스아베바 88-24

아라비아(Arabia), 아라비야 11-23

아라비아 반도, 아라비야 반도 38-6, 43-9, 15, 17, 46-18

아라비아산록(亞剌比亞山麓) 51-21

아라비아인, 아라비야인 17-5

아라사(俄羅斯) → 러시아(Russia)

아라카와(荒川) 129-24

아람어(Aramaic Language) 129-15

아레니우스(S. A. Arrhenius) 91-5

아력산대왕(亞歷山大王) → 알렉산드로스 대왕(Alexandros the Great)

아르키메데스(Archimedes), 알키메데스 62-20

아리랑 82-7

아리랑고개 → 상현(想峴)

아리스토불루스(Aristobulus), 아리스토불 65-13

아리스토텔레스(Aristoteles), 아리스토테레스 62-18, 91-20

아리아니즘(Arianism), 아리아늬슴 53-16

아리우스(Arius), 아리우쓰 4-11, 46-17, 46-18, 20, 25, 47-6, 7, 9, 10

아마노 데이유(天野貞祐) 138-24

아마릴리스(amaryllis), 아마리리쓰 92-19

아메리카(America) → 미국(米國, 美國)

아미리가(亞美利加) → 미국(米國, 美國)

아바나 강 141-13

《아방강역고(我邦疆域考)》 79-6

아베 이소오(安部磯雄) 103-23

아베(阿部) 내각 129-21

《아브라함 링컨 약전(略傳)》 121-13

아사가야(阿佐谷) 83-23

아사노 유사부로(淺野猶三郎) 19-14, 70-26, 75-20, 23, 83-23, 93-26, 94-1,
    90-18, 99-23, 101-23, 136-21, 22, 149-12

아사쿠사(淺草) 83-24

아산(牙山) 54-24

아서원(雅叙園) 135-25

아시오(足尾) 광산의 광독(鑛毒) 사건 136-11

아우구스투스(Caesar Augustus) 4-8, 57-3, 91-20

아우구스티누스(Augustinus), 아우구스치누스 4-11, 21, 7-33, 40, 10-5, 20,
    11-12, 22, 25-13, 13-18, 21-22, 22-23, 24, 30-24, 36-12, 45-5, 49-2,
    50-21, 52-5, 55-11, 62-6, 67-20, 80-1, 124-12, 129-13, 130-15, 23,
    133-11, 143-20

아이리(衙二里) 21-24

아이스레벤(Eisleben), 아이스레-벤 7-33, 20-3, 86-16

아이슬란드(Iceland), 아이쓰란드 147-13

아이제나흐(Eisenach), 아니제나하 11-16

아이크호른(J. G. Eichhorn) 84-4

아이태(亞爾泰) 5-34

아인슈타인(A. Einstein), 아인스타인 51-24, 63-3

아일랜드(Ireland) 5-34, 25-23, 39-1

아아나시우스 → 아타나시우스(Athanasius)

아제가미 겐조(畔上賢造) 19-14, 70-26, 90-18, 110-24, 25, 115-21

아차산(峨嵯山) 71-16

아카디아(Acadia), 아카지아 64-4

아카바(赤羽) 136-21

아콩카과(Aconcagua) 산, 아콩가과 62-17

아키바쓰(阿只板都) 73-6

아키요시다이(秋吉臺) 146-18

아킬레우스(Achileus), 아기레스 40-11

아타나시우스(Athanasius), 아다나시우스, 아다나시우쓰 4-11, 46-18, 20, 47-
　　　7~10, 67-20

아테네(Athens) 40-10, 46-8, 70-7, 149-6, 7

아펜니노(Appennino) 산맥, 이페닌 산맥 11-12

아펜닌(Appennine) 반도 62-22, 23

아펜젤러(H. G. Appenzeller), 아펜셀러 42-25, 53-0, 64-0

아편설나(亞扁薛羅) → 아펜젤러(H. G. Appenzeller)

아폴로니아(Apollonia), 아볼로니아 149-6

아풀리아 반도 → 풀리아(Puglia) 반도 62-23

아현(阿峴) 77-1, 125-23

아현공보(阿峴公普) 90-23, 93-21, 94-21

아현북리(阿峴北里) 9-22

아현정감리교회(阿峴町監理教會) 119-25

아화점(阿火占) 23-20

악성 무한성(惡性無限性) 155-9

악주(岳州) 120-19

안경록(安慶祿) 107-25, 112-22, 118-18

안경성(安京城) 65-6

안구진(安口鎭) 76-25

안국동(安國洞) 17-23, 81-25, 92-23

안국동장로교회(安國洞長老教會) 18-24

안나(Anna) 128-16

안남(安南) → 베트남(Vietnam)

안다만 제도(Andaman Islands) 91-19

안데스(Andes), 안데쓰 95-4

안동(安東, 경북) 57-18, 58-25

안동(安東, 중국 단둥·丹東) 20-27, 93-26, 94-19, 98-19, 150-3, 25

안동병원(安洞病院) 83-24

안동역(安東驛, 중국 단둥) 71-23

안동영(安東英) 153-25, 154-13

안마군도(鞍馬群島) 62-19

안면도(安眠島) 62-19

안병헌(安炳憲) 112-1~3, 20, 113-22, 23, 114-21, 149-19, 150-19, 20, 151-19, 20

안산(鞍山) 72-22, 79-22

안상영(安商英), 안형(安兄) 84-19, 92-24, 109-21, 110-25, 134-22

안상철(安尙哲) 34-25, 92-24

안석온(安錫瑥) 120-18

안악(安岳) 88-24

안압지(雁鴨池) 23-21, 23

안연(顏淵) → 안회(顏回)

안영준(安英俊) 35-25, 37-25

안정복(安鼎福) 79-6

안정자(安丁子) 147-25

안종원(安鐘元) 91-25, 101-25, 104-23, 135-23

안주(安州) 78-5

안창호(安昌浩) 84-20, 111-24

안티파테르(Antipater), 안티파텔 65-13

안학수(安鶴洙) 19-16

안호삼(安鎬三) 93-21

안회(顏回) 124-5, 130-0

알렉산드로스 대왕(Alexandros the Great), 알렉산더 대왕, 알렉산드대왕, 알렉산더, 알넥산더 4-8, 5-16 11-8, 9, 25-9, 46-8, 9, 17, 18, 47-14, 50-11, 62-18, 65-13, 68-10, 88-12, 130-6, 131-1, 143-1

알렉산드리아(Alexandria), 알렉산드리야, 알렉산도리아, 알넥산드리아, 아렉산드리아 3-3, 40-10, 46-8, 17, 47-6, 67-20, 74-12, 123-4, 5, 124-6, 129-14

알렉산드리아 도서관 61-14

알렉산드리아본(本) 84-3

《알렉산드리아전(典)》64-25

알바노(Albano) 산맥 56-13

알바니아(Albania), 알바냐 124-23

알비젠단(團) 86-14

알파벹가(歌) 84-3

알프레드(Alfred) 대제(大帝), 알푸렛드대제 91-20

알프스 산맥, 알푸스산맥 62-23

알프스(Alps), 알프쓰, 알푸스, 알푸쓰 8-24, 11-15, 62-15, 16, 66-7, 69-11,
　　　72-0, 11, 80-5, 95-4

암베르 → 앵베르(L. J. M. Imbert)

암브로시우스(Ambrosius), 암브로스 4-11

암폰조 폐하(陛下) 91-22

압구정(狎鷗亭) 69-23

압록강(鴨綠江), 압록(鴨綠) 20-24, 27, 62-23, 66-5, 69-9, 70-3, 71-5, 72-4,
　　　73-3, 4, 5, 8, 24, 74-8, 76-24, 78-5, 9, 79-3, 80-8, 9, 89-23, 94-23,
　　　107-23, 130-21, 137-1, 140-23, 141-23, 143-25

압록강철교(鴨綠江鐵橋) 94-19

압박골 19-25

앗수르(Asshur), 앗수루 147-8

애고개 89-20

애국일(愛國日) 106-23, 119-24, 137-19

애락원(愛樂院) 133-24

애란(愛蘭) → 아일랜드(Ireland)

애머스트 대학(Amherst College) 136-9, 11, 12

애생원가(愛生園歌) 92-26

애슈빌(Asheville), 앳쉬빌 156-8

애양원(愛養院) 103-22, 106-8, 133-24

애팔래치아 산맥(Appalachian Mountains), 아파라챠산맥 62-16, 18, 66-5,
　　　69-9

《앤 저드슨(アン, ジャドソン)전(傳)》 81-21, 82-25, 84-21, 23

앤다만도(島) → 안다만 제도(Andaman Islands)

앵글로색슨(Anglo-Saxon) 문명, 앵그로삭슨문명 14-20

앵글로색슨(Anglo-Saxon), 앵글로삭슨 70-5

앵베르(L. J. M. Imbert) 80-8

야나이하라 다다오(矢內原忠雄), 야나이하라(矢內原) 19-14, 61-9, 83-24, 95-
       23, 94-1, 26, 98-18, 101-18, 102-12, 106-23, 107-24, 108-24, 111-
       2, 120-18, 122-19, 22, 128-20, 130-0, 132-2, 133-18, 137-26, 138-
       24, 139-19, 20, 25, 26, 140-21~23, 25, 141-17, 19, 20, 22~26, 142-11,
       18~21, 23, 24, 143-21, 23~25, 144-23, 24, 145-22, 149-20, 150-19

야누스(Janus) 신, 얀누스신 12-9

야다(矢田, '矢田'의 오기誤記) 86-27, 89-20

야라이초(矢來町) 19-17, 83-24, 121-23

야마구치(山口) 현 146-18

야마다(山田) 132-24, 140-25

야마모토 유조(山本有三) 120-21

야마모토 타지로(山本泰次郎) 95-22, 98-22, 23, 101-1, 24, 102-12

야마무로 군페이(山室軍平) 67-25

야마시타 노부요시(山下信義) 77-7, 10

《야마시타 노부요시 강연록(山下信義講演錄)》,《야마시타 선생 강연록(山下先生
       講演錄)》68-24, 77-10

야마시타(山下) 61-9, 62-26, 68-21

야마토(大和) 77-13, 78-4, 120-17

야목리(野牧里) 122-19

야소교(耶蘇敎) 8-3, 18-16

야소기독(耶蘇基督) 89-12

《야소전(耶蘇傳)》49-17

야스쿠니 신사(靖國神社) 119-19, 125-20

야콥 벤 차임(Jacob ben Chayyim ibn AdonijahJacobben Chayim), Jacob ben
       Chayim 61-14

약사사(藥師寺) 89-22, 90-26, 91-23, 24, 26, 97-17, 107-0, 22, 101-22, 114-
       23, 24, 115-21, 122-16, 22, 123-23, 124-22, 125-19, 22, 126-19, 24,
       127-24, 129-19, 133-19, 140-25, 26, 142-24, 144-21

약산(藥山) 21-24

약산동대(藥山東臺) 21-24

약수동(藥水洞) 145-24

약수암(藥水庵) 92-22, 23, 120-22, 23, 25, 121-25, 122-25, 125-21, 23

약수폭포(藥水瀑) 92-23

약초극장(若草劇場) 130-25

약초영화관(若草映畵館) 95-25

약초정(若草町) 122-21

양규(楊規) 71-8

양길(梁吉) 71-4

양로폭포(養老瀑) 92-25, 93-20, 22, 25

양능점(楊能漸) 61-8, 12, 64-17, 23, 65-11, 66-15, 67-10, 70-11, 71-9, 26, 72-
　　　25, 73-13, 80-24, 81-21, 119-20

양병지(楊秉祉) 142-19

양산(梁山) 30-25, 31-25, 57-20

양산교회(梁山教會) 57-19

양산도(楊山道) 82-7

양서류(兩棲類) 94-12, 13

양식작용(養殖作用, Breeding) 92-17

양인성(楊仁性), 양군(楊君), 양형(楊兄), 양(楊) 1-14, 2-10, 13, 3-18, 4-30, 6-33,
　　　35, 7-3, 10-18, 16-19, 23, 17-18, 25, 20-27, 25-25, 53-24, 26, 58-13,
　　　61-8, 68-24, 88-23, 89-23, 90-10, 91-10, 91-19, 92-17, 107-17, 138-
　　　23, 150-18

양인식(楊仁植) 19-23

양자강(揚子江) 38-7, 62-16, 66-5, 69-9, 137-21, 144-23

양자물리학(量子物理學) 142-14

양재천(良才川) 69-23

양정고등보통학교(養正高等普通學校), 양정고보(養正高普), 양정중학교(養正中學
　　　校), 양정학교(養正學校), 양정(養正) 34-0, 42-25, 43-25, 51-25, 52-0,
　　　53-25, 54-25, 57-23, 62-25, 64-23, 69-24, 70-16, 23, 71-16, 25, 72-
　　　22, 73-24, 74-23, 75-21, 23, 25, 76-24, 77-11, 18, 78-21, 28, 79-21,
　　　80-19, 20, 26, 81-1, 19, 24, 82-22, 23, 25, 26, 83-22~24, 84-19~22,
　　　85-25, 87-19, 24, 89-23, 24, 90-17, 21, 25, 91-25, 92-0, 21, 23, 24,
　　　94-17, 20, 22, 23, 95-25, 120-17, 18, 22, 23, 121-13, 21, 22, 122-16,
　　　19~21, 23, 123-20~22, 25, 124-19, 127-20, 25, 132-2, 134-24, 135-1,
　　　20, 25, 137-17, 19, 25, 138-25, 139-20, 140-26, 142-21, 149-4

85　　양정생도(養正生徒) 95-23, 24

양키주의 24-25

양평(楊平) 79 27

양혜왕(梁惠王) 15-25, 35-19, 61-1

양화진(楊花津) 69-21

어거스틴, 어거스틴, 어가스틴 → 아우구스티누스(Augustinus)

《어두운 그늘에 계신 하나님(God in the Shadows)》 139-18

《어떻게 살까》 62-26, 77-10

어류시대(魚類時代) 94-11

어머니주일 139-3

언더우드(H. G. Underwood) 64-0

언문(諺文) → 한글

에게 해(Aegean Sea), 에-게해 50-14, 20, 62-19, 62-23

에도(江戶) 63-20, 123-25

에도시대(江戶時代) 78-4

에드워드 7세(Edward VII) 157-23

에든버러(Edinburgh), 에딘버러, 에딘바라, 에딘버러 50-18, 151-17

에디슨(T. A. Edison), 에디손, 에듸슨 62-3, 69-2, 123-4

에디오 → 에티오피아(Ethiopia)

에라스무스(D. Erasmus), 에라스미스 86-16

에르푸르트(Erfurt) 수도원 25-13

에머슨(R. W. Emerson), 에머-슨 에마-슨, 에말손 10-6, 65-2, 17, 91-10, 21,
        92-20, 96-22, 24, 103-23, 145-7

《에밀(Emile)》,《에미-르》 91-24

〈에반젤린(Evangelin)〉 64-4, 5, 6, 91-24, 128-24, 140-8, 156-20

에버청년회 → 엡윗청년회

에베레스트(Everest) 26-6, 29-4, 62-17, 140-8

에비슨(O. R. Avison) 84-22

에스키모(Eskimo), 에쓰키모족(族) 7-41, 12-16, 91-20, 134-9

에스페란토(Esperanto) 45-26, 74-22

에왈드(H. G. A. Ewald) 84-4

에이버리(H. Avery), 에이부리 34-7

에이세이가이칸(衛生會館) 19-18, 19

《에이와도쿠고슈(英和獨語集)》 144-4

에취떼뷔-레스택풀 133-13

에크 박사(Dr. Eck, J. Eck), 엑 박사 27-1

에클레시아(Ecclesia), 에클레샤 59-25, 127-12

에테르(ether)의 파동(波動), 에텔의 파동 89-12

에트루리아 인(Etruscan), 에투르스키인(人) 11-12

에티오피아(Ethiopia) 62-13, 79-9, 81-19, 85-7, 88-24

에티오피아 교회, 에데오피아교회 67-21

에티오피아 황제(皇帝) 91-22

〈엑스포지토리 타임즈(Expository Times)〉, 〈엑스포지토리타임쓰〉 131-21

엘레판틴(Elephantine), 에레판틴 71-14

엘리-너 포드 139-14

엡윗청년회 75-24

여랑화(女郞花) 147-10

여성운동(女性運動) 86-24

여수(麗水) 57-22, 127-16

여수 나병원(麗水癩病院) 82-22

여순(旅順) 94-16

여순(旅順) 싸움 85-21

여암(旅菴) → 신경준(申景濬)

여여원(如如園) 35-25

여운형(呂運亨) 19-14, 20-23, 75-23

《여유당전집(與猶堂全集)》,《여유당집(與猶堂集)》79-6, 122-16, 123-20, 124-20, 22

여의도(汝矣島) 123-24

여자기독교청년회연합회(女子基督教靑年會聯合會) 120-12

〈여자의 교실(女の敎室)〉 130-25

여진(女眞) 70-10, 72-3~5, 74-7, 78-4

여진난(女眞亂) 80-5

여퇴천(慮退川) 145-1, 150-19

〈여행기우자(旅人寄寓者)〉 126-22

《역사상의 그리스도》 133-24

역사신학(歷史神學) 94-3

《역사적 현실(歷史的 現實)》 142-16

역사철학(歷史哲學) 90-3

억산대왕(亻山大王) → 알렉산드로스 대왕(Alexandros the Great)

연개소문(淵蓋蘇文), 개소문(蓋蘇文) 72-7, 73-6

연광정(練光亭) 94-19

연동교회(連洞教會) 57-23, 100-7

연려실(燃藜室) → 이긍익(李肯翊)

《연려실기술(燃藜室記述)》 79-6

연산군(燕山君) 76-5~7

연옥설(煉獄說) 86-11

연주암(戀主庵) 77-14, 80-24

연합교회(聯合教會) 130-20, 21

연희장(延喜莊) 85-0, 88-25

연희전문학교(延禧專門學校), 연전(延專) 78-21, 79-23, 84-21

《열조통기(列朝通紀)》 79-6

염만석(廉萬石) 81-20

염세주의(厭世主義) 84-19

염파(廉頗) 137-8

〈영과 진리(靈과 眞理)〉 19-15, 19, 40-25, 41-1, 54-26, 94-0, 114-24

영광(靈光) 57-23

영구처녀성(永久處女性) 86-11

영국(英國), 영(英) 15-3, 16-10, 18-1, 20, 20-11, 21-18, 25-1, 16, 31-16, 37-
     20, 38-5, 6, 40-3, 20, 42-0, 51-13, 23, 58-0, 62-18, 64-4, 25, 65-9,
     25, 66-6, 15, 68-25, 69-9, 10, 73-14, 74-21, 78-22, 80-5, 84-1, 86-
     17, 91-5, 94-10, 120-18, 121-2, 123-20, 124-22, 126-23, 25, 127-20,
     128-21, 129-1, 20~22, 130-21, 22, 131-21, 133-10, 13~15, 134-17, 16,
     19, 25, 135-17, 136-15~18, 137-13, 16, 17, 138-20, 139-10, 14, 140-
     13, 15, 141-9, 11, 13, 17, 25, 142-17, 143-18, 147-14

영국국교(英國國教) 75-1

영국국교회(英國國教會) → 영국성공회(英國聖公會)

영국군(英國軍), 영군(英軍) 145-24

영국박물관(英國博物館) 64-25

영국성공회(英國聖公會) 126-16, 137-12, 138-14

영국인(英國人) 80-8, 146-7, 147-13, 14

영길리(英吉利) → 영국(英國)

영남(嶺南) 39-25, 56-25, 75-23, 76-1, 2, 21, 79-21, 80-20, 22, 82-21, 24, 84-23, 87-19, 88-25, 89-24, 93-23, 25, 120-23, 122-24, 123-22, 124-21, 23, 125-22, 127-18, 129-25, 134-21, 137-22, 140-25

영남지방(嶺南地方) 85-1

영동(永同) 17-25

영등포(永登浦) 19-24, 21-24, 23-24, 74-22, 90-1

영등포공립보통학교(永登浦公立普通學校) 142-8

영등포종축장(永登浦種畜場) 89-22

영락대왕(永樂大王) → 광개토대왕(廣開土大王)

영명사(永明寺) 94-20

영북면(永北面) 92-23

영산(榮山) 70-3

영산이항수반(靈山裏恒水畔) 89-12

영어(英語) 147-23

《영웅숭배론(英雄崇拜論)》 21-17

《영원한 생명(永遠の生命)》 114-24, 120-25, 131-20, 134-26, 142-19

〈영원한 자비(The Everlasting Mercy)〉 151-14

영월(寧越) 75-5, 9, 76-5

영적기독교(靈的基督敎) 74-19, 94-0

영조(英祖) 79-5, 80-6, 10

영조대왕릉(英祖大王陵) 70-21

영주정(瀛州町) 133-26

영지(影池, 경주에 있는 연못) 82-24

영지반(影池畔) 23-22

《영화(靈化)》 20-21

영휘원(永徽園) 127-25

영흥(永興), 영흥군(永興郡) 41-1, 140-23

영흥만(永興灣) 62-19

예게르 134-9

예롬(Jerome) → 히에로니무스(Hieronymus)

예루살렘공의회(Council of Jerusalem) 135-12

예성(禮成) 70-3

예수회(Society of Jesus) 80-5

예종(睿宗, 고려) 72-3~5, 7

예종(睿宗, 조선) 76-3, 8

예천(醴泉) 54-24, 25, 57-18, 74-23, 82-24, 84-19

오-가스타스, 오-거스투스, 오-구스터스 → 아우구스투스(Caesar Augustus)

오가스틴, 오-가스틴, 오거스틴, 오거스틴, 오-거스틴, 오기스틴 → 아우구
    스티누스(Augustinus)

오가와 외과(小川外科) 131-25

오가키(大垣), 오가키 시 26-25, 30-25, 47-26, 48-25, 53-26, 64-24, 134-20,
    22

오계석(吳啓錫) 133-24

오-구스티누스 → 아우구스티누스(Augustinus)

오권물(五卷物) 84-4 *아가, 룻기, 애가, 전도서, 에스더.

오기쿠보(荻窪) 83-23

오다 노부나가(織田信長), 노부나가(信長) 126-2

오달제(嗚達濟) 79-4

오라리-족(族) 91-20

오룡배(五龍背) 94-19

오류동 송형 → 송두용(宋斗用)

오류동(梧柳洞) 22-25, 23-24, 25-24, 30-25, 34-0, 35-0, 36-25, 37-25, 38-26,
    39-26, 40-25, 41-25, 42-25, 43-25, 55-25, 58-26, 61-7, 26, 64-23,
    66-22, 68-22, 23, 69-20, 71-24, 73-11, 22, 24, 74-22, 85-14, 16, 92-
    23, 94-26, 95-26, 97-19, 105-13, 104-25, 106-21, 108-22, 109-21,
    111-22

오류동성서강좌(梧柳洞聖書講座) 40-25, 42-25

오류동역(梧柳洞驛) 58-13, 149-4

오류동집회(梧柳洞集會) 112-12, 113-22, 25, 114-23, 25

오류장(梧柳莊) 23-24, 61-11, 73-11, 25

오류학원(梧柳學院) 58-13, 14, 79-23, 82-23, 25, 84-22, 108-19

오르도비스기(Ordovician Period), 오르도비시아기 93-6, 94-10, 11

오릉(五陵) 23-22

오리(梧里) → 이원익(李元翼)

오리게네스(Oregenes), 오리겐 16-8, 46-18, 47-6, 60-12, 62-6, 110-17

오리산(梧里山) 142-8

오리스 48-4

오사나이 가오루(小山內薫) 153-20

오사카(大阪) 35-0, 42-25, 48-25, 50-24, 79-22, 23, 81-24, 94-20, 148-20,
149-4

〈오사카마이니치(大阪每日)〉 92-0, 92-26, 95-20

〈오사카신문(大阪新聞)〉 82-21

〈오사카아사히(大阪朝日)〉 18-12

오산(五山) 9-24, 25, 18-25, 20-26, 27, 21-24, 37-24, 26, 38-26, 61-25, 64-
8, 10, 12~16, 66-25, 68-20, 69-12, 72-18, 19, 76-22, 83-22, 23, 85-
14, 24, 26, 87-23, 87-26, 90-23, 93-25, 113-21, 114-12, 23, 115-21,
23, 120-19, 122-19, 20, 127-25, 131-2, 132-2, 134-7, 135-20, 136-21,
137-24, 139-9, 141-20, 24, 142-25, 143-25, 148-20, 149-4

오산고등보통학교(五山高等普通學校), 오산고보(五山高普) 17-6, 18-25, 62-25

오산교회(五山敎會) 9-24

오산농원(五山農園) 9-24

오산성서연구회(五山聖書硏究會) 17-25, 85-26, 87-26

오산역(烏山驛) 57-24

오산집회(五山集會) 114-24

오산학교(五山學校), 오산중학교(五山中學校), 오산교(五山校) 17-7, 12, 20-26,
27, 37-25, 76-22, 131-2, 132-2, 135-19, 143-25

오세창(吳世昌) 91-25, 104-23

오순절(五旬節) 27-12, 43-1, 2, 45-9, 56-9

오스본(H. F. Osborn) 89-5

오스트레일리아(Australia) 38-6, 42-0, 91-19, 94-13

오스트리아(Austria), 오(奧) 31-17

오시마 켄(大島建) 115-19

오쓰 야스시(大津康) 63-12

오연총(吳延寵) 72-3

오웬(R. Owen), 오-웬 91-21

오위창(吳葦滄) → 오세창(吳世昌)

오이디푸스(Oedipus), 에듸푸스 9-3

오익은(吳翊殷) 20-27

91

오정리교회(吾丁里教會) 70-25

오족합협(五族和協) 139-23

오카 아사지로(丘淺次郎) 67-23, 70-14, 74-23, 127-0

오카무라 법무관(岡村法務官), 오카무라(岡村) 97-22, 126-19, 127-18

오카야마 현(岡山縣) 92-26

오쿠마 시게노부(大隈重信) 18-18

오쿠무라(娛村) 92-26 *내무성 위생국 이사관

오쿠보 다다오미(大久保忠臣), 오쿠보(大久保) 114-23, 127-26, 128-20

오테마치(大手町) 17-16, 19-18~20

오펜하임(E. P. Oppenheim) 133-13

오핑턴(Orpington), 오-핑톤 136-15

오현(梧峴) 70-22

오-휴-스 53-17 *밀턴 관련 인물

옥길리(玉吉里) 34-0

옥스퍼드 그룹운동(Oxford Group Movement), 옥스포드그룹운동, 옥스포드
    무브멘트, 옥스퍼드 그룹, 옥쓰포드그룹 120-3, 133-9, 134-19, 136-
    15~17, 137-13, 21, 138-13, 14, 16~18, 139-10, 12, 14~16, 140-11~15,
    17~20, 26, 141-9, 10, 12, 13, 143-18, 145-17, 147-13, 15, 16, 148-11,
    152-9, 10, 153-11, 155-18, 21, 156-7, 10, 157-20, 24, 158-19~22

옥스퍼드(Oxford), 옥쓰포드 144-5, 7, 10, 147-13, 17, 148-12, 14, 15, 18, 155-
    18, 157-20, 22, 24, 158-19

옥스퍼드 대학(Oxford University) 136-15~18, 137-13, 139-12, 140-12, 141-9,
    10, 143-18, 147-17, 158-20

옥조금(玉助今) 133-24

옥조금(玉祚錦) 81-20

옥호동(玉壺洞) 141-24

온양온천(溫陽溫泉) 82-25

온정리(溫井里) 35-25

온조(溫祚) 67-9, 73-6

올랜도(Orlando), 올란도 126-22

올림포스 산(Olympos Mount), 오림퍼스산 50-17

〈올림피아(Olympia)〉 143-19

와름스, 와름쓰 → 보름스(Worms)

와세다 대학(早稻田大學) 78-21

와일드(O. Wilde) 67-25

와카(和歌) 142-14, 146-18

와카마쓰 시(若松市) 77-7

와트(J. Watt), 왓트 91-21, 158-21, 22

완도(莞島), 완도군 46-0, 62-20

왈덴스단(團) 86-14

왈소 → 바르샤바(Warszawa)

왈음쓰회의, 외름쓰 회의 → 보름스(Worms) 회의

왕건(王建), 왕건태조(王建太祖) 71-4~6, 73-6, 8, 74-4

왕검(王儉) 85-8

왕도사상(王道思想) 74-6

왕십리(往十里) 120-18, 127-19

왕용순(王龍淳) 120-21

왕지아청(王嘉城) 144-20

왜구(倭寇) 73-3, 5~7

왜성대(倭城臺) 122-21

외경(Apocrypha) 61-14

외교월리(外橋越里) 149-12

외금강(外金剛) 37-25

외나로도(外羅老島) 62-20

외전열도(外畑列島) 62-19

요(遼, 나라) 72-6

요나이 미쓰마사(米內光政) 139-21

요단 강 19-5, 128-13

요단(협곡峽谷) 8-13, 14

요도바시성경학원(淀橋聖經學院) 121-23

요동(遼東) 73-3, 4

요동반도(遼東半島) 94-18

〈요로즈조호(萬朝報)〉 136-9

요로즈조호샤(萬朝報社) 18-4

요세푸스(F. Josephus), 요세푸스 49-17, 57-6, 61-15, 62-6, 64-19~22, 65-13,

요셉(Morris Joseph) 71-14

요코하마(橫濱) 20-24, 42-25, 136-10, 137-22

요하(遼河) 94-18, 150-3

요하네스부르크(Johannesburg), 요한네스뿌르크 140-14

욕지도(欲知島) 62-20

용강(龍岡) 50-24

용강면(龍江面) 24-25, 25-25, 26-25, 27-25, 28-25, 29-25, 30-25, 31-25, 32-
　　　25, 33-25, 34-25, 35-25, 36-25, 36-26, 37-26, 38-26, 39-25, 40-26,
　　　41-26, 42-26, 43-26, 44-26, 45-26, 46-26, 47-26, 88-23

용경양(容璟孃) → 최용경(崔容璟)

용골(龍骨, 산성) 78-5

용동(龍洞) 72-19

용마봉(龍馬峰) 71-16

용봉정(龍鳳亭) 128-23

〈용사(勇士) 삼손〉 11-7

용산(龍山) 81-19, 82-21, 120-18, 121-21, 126-19, 127-18, 128-20, 21, 130-19,
　　　131-25, 135-22

용산경찰서(龍山警察署) 68-22, 78-27

용암포(龍岩浦) 62-19

용암포역(龍岩浦驛) 143-25

용암포읍(龍岩浦邑) 158-25

용인(龍仁) 122-20, 124-23

용정(龍井) 35-0

용정리(龍亭里) 92-21

용천(龍川), 용천군, 용천면 61-26, 143-25, 144-19, 147-25

용천평야(龍川平野) 143-25

우가키 잇세이(宇垣一成), 우가키(宇垣) 92-26, 98-1

우두벌(牛頭벌, 춘천) 85-10

우두봉(牛頭峯) 129-9

우락키 산맥 → 로키 산맥(Rocky Mountains)

〈우리집 강아지들(我家の犬達)〉 98-20

우수영(右水營) 76-22

우스터(Worcester), 우수타-시(市) 91-10

94

우시고메 구(牛込區) 19-17, 83-24, 121-23

우시고메 야라이초(牛込矢來町) 19-17

우심농장(牛心農場) 138-23, 140-24

우에노(上野) 미술관 → 도쿄도 미술관(東京都美術館)

우에다 류손(上田柳村) 53-22

우에다(上田) 127-23

우에무라 마사히사(植村正久), 우에무라(植村) 84-19, 150-3

우연소산(偶然所産) 89-7

우옹(虞翁) → 글래드스턴(W. E. Gladstone)

우왕(禑王) 73-3, 4, 74-4

우의관(羽衣館) 130-25

우이동(牛耳洞) 125-21, 132-20

우주론(宇宙論) 90-4

우주물리학(宇宙物理學) 91-5

우주방사선설(宇宙放射線說), 방사선설(放射線說) 89-5

우주사(宇宙史) 89-5

우주적자아(宇宙的自我) 89-5

우주철학(宇宙哲學) 90-5

우치무라 간조(內村鑑三), 우치무라(內村) 17-6, 16, 17, 24, 18-4~6, 8, 12~23,
　　　19-1, 3, 5~7, 14~22, 20-21~23, 21-22, 36-14, 46-25, 50-23, 56-24,
　　　60-8, 65-25, 68-6, 71-23, 25, 74-25, 77-13, 14, 81-18, 19, 83-24,
　　　84-18, 19, 86-2, 30, 88-11, 90-18, 92-1, 93-26, 94-0, 1, 3, 8, 26, 95-
　　　22, 97-1, 102-6, 102-10, 103-0, 110-23, 112-14, 113-3, 24, 114-24,
　　　121-14, 123-26, 124-12, 128-2, 11, 22, 134-23, 25, 26, 135-11, 14, 17,
　　　20, 22~24, 26, 136-0, 1, 2, 9~14, 20~24, 26, 137-17, 26, 138-9, 10,
　　　139-25, 140-1, 3, 141-19, 26, 142-7, 26, 144-4, 14, 146-11, 12, 25, 26,
　　　147-26, 148-26, 149-20, 26, 150-5, 26, 152-2, 26, 153-2, 26, 154-26,
　　　155-2, 10, 26, 156-18, 26, 157-1, 15, 16, 26, 158-5, 26

《우치무라 간조 선생과 조선(內村鑑三先生と朝鮮)》136-0, 1, 26, 137-16, 26,
　　　138-20, 26, 141-26, 142-26, 143-21, 144-28, 145~150의 26, 152~158
　　　의 26

《우치무라 간조 전집(內村鑑三全集)》82-25, 120-18, 128-15, 136-9, 142-20,
　　　148-8, 151-11, 158-8

우파니샤드(Upaniṡhad) 155-9

욱정(旭町) 143-23

욱채석장(旭採石場) 140-26

운남면(雲南面) 128-24

운니동(雲泥洞) 81-18

운봉(雲峯) 73-5, 6

운석설(隕石說) 91-5

운암(雲暗, 산성) 78-5

울릉도(鬱陵島) 93-24, 104-24

울산(蔚山) 41-26, 54-24, 57-19, 124-17, 131-19

웅악성(熊岳城) 94-18

워-르즈워스 → 워즈워스(W. Wordsworth)

워-ㅁ스회의 → 보름스 회의

워싱턴(G. Washington), 워싱톤, 와싱톤 16-9, 21-22, 90-10, 91-21, 55-9, 120-8

워싱턴(Washington, D. C.) 15-3, 62-21, 151-25

워즈워스(W. Wordsworth), 워-즈워스 3-38, 145-8, 147-7

워털루(Waterloo) 85-21

원(元, 나라) 72-9, 73-3, 74-7

원남정(苑南町) 132-24

원두우 → 언더우드(H. G. Underwood)

원산(元山) 35-25, 54-25, 56-25, 57-17, 62-15, 62-19, 70-3, 128-20, 23, 24, 131-0, 135-21, 138-24, 149-3

원시기독교(原始基督敎) 86-6

원천석(元天錫) 3-10

원풍(元豊) 45-26

원호(元昊) 76-3

원효(元曉) 70-9

월계리(越溪里) 70-22

월계소학교(月溪小學校) 107-20

월정교(月精橋) 23-21

웨스터마크(E. A. Westermarck), 웨스터막 65-16

웨스트(G. West) 13-25, 14-2, 15-21, 16-8, 25

웨스트민스터 회의(Westminster Assembly), 웨스터민스터 회의 6-14

웨슬리(J. Wesley), 웨슬레이, 웨슬레, 웨슬레-, 웨슬리, 웨스레 11-22, 21-22, 30-24, 42-0, 133-11, 136-18, 137-15, 16, 148-15

웨일스(Wales), 웨일즈 136-16

웰링턴(A. Wellesley, 1st duke of Wellington), 웰링톤, 웨-링톤 85-21, 91-21

웰스(H. G. Wells), 웰즈, 웰쓰 24-2~4, 38-9, 51-1

웹스터(N. Webster로 추정), 웨브스타- 91-21

위고(V. Hugo) 91-24

위씨조선(衛氏朝鮮) 69-5

위클리프(J. Wycliffe), 위클리푸, 위글립 20-3, 86-15, 16

위텐베-르흐 → 비텐베르크(Wittenberg)

위해위(威海衛), 위해(威海) 94-15

위화도(威化島) 73-6

윈체스터(Winchester), 윈췌스터 149-14, 15, 151-13

윌링포드(Willingford) 151-17

윌슨(W. Wilson), 윌손 73-22, 131-1

윌킨슨(Wilkinson) 65-16

윌헤름 3세 → 빌헬름(Wilhelm) 3세

윗템베르히 → 비텐베르크(Wittenberg)

유-고- → 위고(V. Hugo)

유고(Yugoslavia) 149-5

유교(儒教), 유(儒) 21-14, 28-19, 37-14, 42-5, 72-7, 73-10, 74-6, 75-4, 76-7, 8, 79-8, 82-5, 6, 84-1, 85-22, 92-2, 121-16, 122-1, 124-0, 125-20, 25, 127-9, 137-4, 138-11, 139-4, 143-1

유니테리언(Unitarian), 유니테리안, 유니테리언교 126-16, 148-8, 151-11

유니테리언주의(Unitarianism), 유니테리언사상 47-3~5

《유다야 전기(傳記)》,《유태고사기(猶太古事記)》 57-6, 65-16

유대교(猶太教) 15-7, 27-14, 27-23, 42-9, 44-17, 45-20, 21, 22, 24, 87-23, 93-2, 134-5, 6, 135-6, 12, 138-4, 139-7

유대교도(猶太教徒), 유대교인(猶太教人) 20-9, 87-17

유대민족(猶太民族) 16-19, 17-14, 15, 92-12

유대인(猶太人), 유대사람, 유대민중(猶太民衆), 유다인 11-9, 10, 13-5, 14-13, 16, 17-15, 18, 19, 19-5, 22-1, 92-12, 144-13, 146-9, 149-5, 154-2, 3

유대주이(猶太主義), 유태주의 20 23, 87 5

유내철학(猶太哲學) 94-4

유득공(柳得恭) 79-6

유럽연맹 18-1

유로바 호(號) 140-14

유린학사(有隣學舍) 136-22

유물론(唯物論), 유물주의(唯物主義) 15-5, 18-2, 45-13, 63-14, 20, 65-0, 67-3,
    68-7, 69-23 74-22, 80-1, 22, 81-1, 138-23, 140-9, 143-16

유물론적 세계관(唯物論的世界觀) 61-5

유물사관(唯物史觀) 46-25

유물사상(唯物思想) 92-4

유미초(弓町) 83-23

유비(劉備) 82-11

유성원(柳誠源) 75-6

유성준(兪星濬) 100-5

유성천(柳星泉) R君, R氏 85-14, 86-9, 87-21, 88-22, 89-14

유세비우스(Eusebius of Nicomedia), 유세비우쓰 46-18, 46-20

유승흠(柳承欽) 90-23

유신론(有神論) 29-12, 121-5, 122-5, 130-2

유심론(唯心論) 65-0, 68-24, 134-15

유응부(兪應孚) 75-6, 8

유인우(柳仁雨) 73-3

유자(有子) 71-12

유자광(柳子光) 76-8

유자설(猶子說) 86-12

유중길(柳重吉) 84-18

유클리드(Euclid), 유-클릿드 62-20, 63-3, 154-10

《유토피아(Utopia)》 48-4

유틀란트(Jutland) 반도, 유틀란드 반도 62-23

유프라테스(Euphrates) 강, 유브라데강 55-10

유프라테스(Euphrates), 유-프(후)라테스 14-13, 16, 20

유형원(柳馨遠) 79-5

유효원(劉孝元) 64-8

육군기념일(陸軍紀念日) 87-24, 123-22, 135-24

육군성(陸軍省) 80-25

육우회(育友會) 133-24

육진(六鎭) 74-8

육충신 → 사육신(死六臣)

육향교(六鄕橋) 83-24

윤건석(尹建錫) 93-22

윤관(尹瓘) 72-3, 4, 73-6

윤돈(倫敦) → 런던(London)

윤돈(倫敦)타임쓰, 윤돈타임스 → 〈런던 타임즈(London Times)〉

윤산온(尹山溫) 84-31, 32, 87-19

윤소종(尹紹宗) 73-7

윤언이(尹彦頤) 72-5

윤옥순(尹玉順) 80-25

윤인구(尹仁朐) 12-24

윤일심(尹一心), 윤군(尹君) 78-29, 79-22, 82-4, 15, 86-27, 29, 87-25, 88-12,
          89-20, 93-20, 101-24, 131-18, 133-24, 145-17

윤지충(尹持忠) 80-7

윤집(尹集) 79-4

윤치호(尹致昊) 19-22, 42-25, 107-20

윤태영(尹台榮) 78-27

율곡(栗谷) → 이이(李珥)

율곡동(栗谷洞) 100-20

율리아누스(Julianus), 유리아누스 11-13

율리우스 → 카이사르(G. J. Caesar) 4-8

은(殷)나라 39-1

《은거론(隱居論)》 66-19

은월당(銀月堂) 138-23

은평면(恩平面) 73-25

을밀대(乙密臺) 94-20

을사사화(乙巳士禍) 76-5

을지문덕(乙支文德) 65-9, 72-7, 73-6

음양설(陰陽說) 72-6

음양오행설(陰陽伍行說) 90-5

응곡(應谷) 22-25, 23-24, 24-24, 25-24, 30-25, 34-0, 73-11

응봉(鷹峰) 81-19

의금부(義禁府) 120-18

의녕원(懿寧園), 의령원 9-22, 88-24, 25, 85-0

《의상철학(衣裳哲學)》114-21, 152-2

의정부(議政府) 127-12, 128-19, 130-12, 17

의주(義州) 63-21, 78-5~7, 9, 26, 80-8

의지소산(意志所産) 89-7

《의학요감(醫學要鑑)》79-6

이가환(李家煥) 80-6, 8

이개(李塏) 75-6, 9

이건창(李建昌) 103-20

이건표(李建杓) 83-23

이경설(李景雪) 87-22

이계신(李啓信) 34-0, 35-0, 43-25, 62-1~3

이관흘(李寬屹) 9-24

이괄(李适)의 난 80-5

이광수(李光洙) 67-8, 81-24, 97-19, 98-19, 21, 99-24, 120-19, 26, 122-25

이광재(李光在) 133-24

이교주의(異敎主義) 20-8

이구나튜스 → 이그나티우스(S. Ignatius)

이국(伊國), 이(伊) → 이탈리아(Italy)

이귀련(李貴連) 80-25

이규명(李圭明) 57-19

이규몽(李圭蒙) 138-23

이규완(李圭完) 34-0, 56-25, 67-23

이그나티우스(S. Ignatius) 57-2

이금순(李今順) 80-25

이긍익(李肯翊) 79-6

이나대(李羅大), 이라대(李羅大) 133-23, 24, 145-17

이낙산(李落山) 57-22

이너 그룹(Inner Group) 158-23

이노구치무라(井口村) 121-22

이노우에 데쓰지로(井上哲次郎) 19-20

이대위(李大偉) 102-21

이덕봉(李德鳳) 41-25, 61-12, 72-25, 74-21, 77-11, 135-25

이두란(李豆蘭) 74-4

이두련(李斗連) 80-25

이라크(Iraq), 이락 61-15

이레니우스(Irenaeus), 이레니우쓰, 이레뉴스, 이레나이우스 57-2, 67-19, 147-5

이만운(李萬運) 79-6

이맹전(李孟專) 76-3

이명래약국(李明來藥局) 120-18

이목동(梨木洞) 86-10, 120-23

이문(里門)설렁탕 122-17

이민제한법(移民制限法) 136-11

〈이반질넌〉 → 〈에반젤린(Evangelin)〉

이방우(李邦佑) 77-15, 80-25

이상재(李商在) 100-5

이상주의(理想主義) 122-14, 123-10, 126-14, 15

이성계(李成桂) 32-19, 62-12, 73-4, 5, 6, 74-4~6, 24, 75-3, 7, 111-13

이성구(李性求) 94-25

이세탄(伊勢丹, 일본의 백화점) 83-24

이수탁(李洙卓) 79-19, 20

이순신(李舜臣), 리순신 37-5, 37-9, 45-15, 46-0, 52-26, 53-26, 54-25, 57-22,
    23, 62-20, 74-24, 78-6, 8, 143-20

이스라엘쟁월 → 쟁월(Israel Zangwill)

이슬람교 21-14, 80-2, 125-20

이승원(李昇遠) 31-25, 32-25

이승인(李承仁) 100-5

이승훈(李昇薰) 17-0~2, 6~12, 23, 24, 19-14, 20-23, 21-22, 25, 62-25, 64-
    9~11, 13, 16, 24, 86-30, 98-19, 23, 101-17, 123-26, 133-20, 136-20,
    141-25, 156-16, 17

이승훈(李承薰) 80-6~9

이시스(Isis) 여신 9-2

이시코 미쓰야(石河光哉) 123-25, 126-22

이시하라 헤이키치(石原兵吉) 70-26

이신득의(以信得義) 86-1

이십리우두벌(二十里牛頭벌) 85-10

이영학(李英學) 98-19

이와나미문고(岩波文庫) 138-24

이와나미서점(岩波書店) 94-26, 95-26

이와나미신서(岩波新書) 138-24

이완(李浣) 79-4

이왕(李王) 130-22, 23, 24, 25

이왕가미술관(李王家美術館) 114-23

이용도(李龍道) 32-25, 34-0, 35-0, 58-26, 62-25, 86-1, 88-0

이용도(李容道) 81-19 *'李龍道'의 오자.

이원긍(李源兢) 100-5

이원익(李元翼) 142-8

이원직(李元直), 원직(元直) 73-6

이응곤(李應坤) 104-15

이의민(李義旼) 72-8

이이(李珥) 21-7, 37-18, 38-23, 76-7, 100-20, 104-0

이익(李瀷) 79-5

이자겸(李資謙) 72-7

이정녕 133-22

이정섭(李鼎燮) 61-9, 62-26, 68-24, 77-7, 10, 81-25, 87-22, 92-23, 98-21

이정심(李淨心) 31-25

이조(李朝) 73-3, 7, 74-4~6, 23, 75-4, 76-8, 79-5, 82-6~8

이종근(李種根), 이군(李君), 이형, 종근 142-3~8, 25, 143-9, 10, 19~21, 144-
　　　21, 22, 149-19, 150-19, 153-26, 154-14~18, 158-17, 18

이종범(李種範) 72-26

이죽엽(李竹葉) 79-20

이준경(李浚慶) 76-7

이준구(李俊求) 58-25

이중환(李重煥) 79-6

이-지안해 → 에게 해(Aegean Sea)

이지주의(理知主義) 88-6

이지호(李芝鎬) 38-26, 46-25

이진영(李鎭英) 73-25

이차돈(異次頓) 70-9, 82-24

이찬갑(李贊甲) 20-26, 61-25, 64-9, 24, 68-16, 69-19, 71-17, 72-17, 25, 73-12, 15, 25, 74-17, 75-10, 81-6, 82-16, 83-18, 84-11, 24, 85-14, 86-18, 26, 88-15, 93-18, 95-17, 96-13, 97-17, 18, 98-9, 19, 99-22, 24, 112-13, 137-24

이창근(李昌根) 153-26

이창호(李昌鎬) 79-23, 81-24, 91-25, 119-25, 141-21

이채권(李彩權) 82-1

이첩기(二疊紀) 93-6, 94-13

이카루스(Icarus) 61-0

이탈리아(Italy), 이달리아 20-11, 31-17, 37-20, 42-0, 50-3, 62-15, 16, 62-20~23, 65-6, 7, 66-3, 67-3, 19, 69-8, 70-5, 71-3, 76-24, 79-1, 81-19, 82-23, 84-1, 32, 85-7, 88-24, 91-22, 95-22, 124-22, 23, 25, 138-22, 141-13, 142-23, 145-25, 147-4, 149-5

이태리(伊太利), 이(伊) → 이탈리아(Italy)

이태원(梨泰院) 98-19

이태원리(利泰院里) 81-19

이태조(李太祖) → 이성계(李成桂)

이토 스케유키(伊藤祐之) 109-20, 116-25, 121-22, 23, 136-22

이튼 학교(Eton School), 이-톤학교 143-18

이항복(李恒福) 86-8

이해(裏海) → 카스피 해(Caspian Sea)

이헌구(李軒求) 90-24

이호빈(李浩彬) 35-0

이화령(梨花嶺) 57-17

이화여자고등보통학교(梨花女子高等普通學校), 이화고녀(梨花高女) 142-24

이화여자전문학교(梨花女子專門學校), 이화여전(梨花女專) 64-0, 129-19

이화여학교(梨花女學校) 73-13

이황(李滉) 21-7, 37-18, 38-23, 76-7, 104-0

인간주의(人間主義) 86-5, 87-6, 7, 23, 91-1, 93-23

인격신관(人格神觀) 88-6

인격적불변사(人格的不變者) 88-5

인당(印璫) 73-3

인더스(Indus) 50-14

인도(印度) 11-8, 9, 13-3, 14-2, 18-1, 16, 48-4, 51-23, 62-16, 17, 24, 64-7, 65-
     4, 9, 66-5, 7, 8, 68-3, 69-9, 11, 12, 72-11, 80-5, 86-0, 93-5, 94-10,
     13, 124-4, 140-13, 147-13

인도교(印度教) → 힌두교(Hinduism)

《인도로 가는 길의 그리스도》 136-14

인도문명(印度文明) 14-20

인도민족(印度民族) 91-20

인도제국(印度帝國) 27-3, 29-13, 38-6, 7, 39-1

인도주의(人道主義) 62-3

인도차이나(Indochina) 반도 142-19

인류학(人類學) 90-3

인문주의사상(人文主義思想) 20-8

인상여(藺相如) 137-8

〈인생의 시(詩)〉 → 〈인생찬가(a Psalm of life)〉

〈인생찬가(A Psalm of life)〉 142-6

인수봉(仁壽峰) 70-22, 71-16

인왕산(仁王山) 68-0, 74-23, 119-0

인위도태(人爲淘汰, Artificial Selection) 92-17

인위적도태법(人爲的淘汰法) 91-21

인조(仁祖) 78-3, 5~7, 79-4, 80-6

인종(仁宗, 고려) 72-5~7

인천(仁川) 62-15, 62-19, 69-23, 70-3, 73-24, 25, 77-14, 81-19, 23, 83-22, 92-
     21, 94-15, 94-17, 124-23, 128-25, 129-19, 154-16, 18

인천기미취인소(仁川期米取引所), 인천기미(仁川期米) 15-22, 68-23

인천내리교회(仁川內里教會) 88-23, 99-20

인천만(仁川灣) 44-26

인천항(仁川港) 128-9

인흥면(仁興面) 41-1

일로전역(日露戰役), 일로전쟁 → 러일전쟁

일리리아(Illyria), 일루리아 46-20

일본(日本) 15-3, 17-17, 18-1, 20, 19-16, 20-11, 26-25, 49-25, 50-2, 50-23, 52-23, 53-14, 57-19, 60-12, 62-16, 20, 21, 64-0, 64-7, 14, 66-3, 4, 7, 8, 14, 16, 67-26, 69-8, 11, 12, 70-12, 74-0, 19, 21, 75-17, 22, 77-10, 11, 17, 18, 80-5, 81-24, 82-1, 83-24, 120-17, 18, 122-20, 21, 125-0, 126-2, 22, 127-21, 132-0, 8, 133-24, 134-9, 135-14, 136-1, 10~12, 24, 26, 137-22, 138-22, 141-19, 26, 142-23, 26, 143-9, 21, 144-0, 145-7, 148-7

일본감리교회(日本監理教會) 84-19

일본광업주식회사(日本鑛業株式會社) 116-20

일본기독교회(日本基督教會) 150-3

일본성서잡지(日本聖書雜誌) 115-21

《일본에 보내다(日本に送る)》20-24

일본인(日本人) 12-16, 20-23, 145-7, 148-7

《일본적 교양의 근거(日本的教養の根據)》87-26

일본적기독교(日本的基督教) 94-26

일본전도협회출판부(日本傳導協會出版部) 127-26

《일본지리풍속대계(日本地理風俗大系)》61-9

일본해(日本海) 73-3

일본해전(日本海戰) → 러일전쟁

일본혼(日本魂) 136-1

일산(一山) 80-20

일신백화점(一信百貨店) 149-25, 150-25

일우(一隅) → 송두용(宋斗用)

일이만(日耳曼) → 게르만(German)

일이만족(日耳曼族) → 게르만족

《일일일생(一日一生)》123-22

일정교(日精橋) 23-21

일지사변(日支事變) → 만주사변(滿洲事變)

일채주의(一茱主義)의 날 127-23

일출목장(日出牧場) 128-24

일한합병(日韓合倂) → 한일합병(韓日合倂)

임경업(林慶業) 78-5~9, 79-19, 80-3

임난재(任蘭宰) 91-22

임영빈(任英彬) 91-23

임오군란(壬吾軍亂) 80-10

임우재(任愚宰) 81-25, 83-24, 85-24

임원역(林原驛) 72-6

임종순(林鐘純) 19-22

임진강(臨津江) 100-20

《임진록(壬辰錄)》 78-3

임진왜란(壬辰倭亂), 임진란(壬辰亂), 임진역(壬辰役), 임진(壬辰) 37-9, 78-3, 4, 6,
　　　8, 26, 29, 79-3, 6, 80-5

임창선(林昌善) 9-24

임태보(林泰輔) 61-9

임해전(臨海殿) 23-22

ㅈ

자르(Saar) 74-21

자바(Java) 127-26

자발라(J. C. Zabala), 자바라 92-0

자본주의(資本主義) 24-25, 26-8, 52-3, 86-4, 127-10

자알 → 자르(Saar)

자연과학(自然科學) 58-14

자연발생설(自然發生說) 91-5

자연신관(自然神觀) 88-6

자연신론(自然神論) 29-12

자연주의(自然主義) 125-11

자연진화설(自然進化說) 91-6

자유사상(自由思想) 20-8

자유운동(自由運動) 11-15, 15-7, 86-23

자유의지(自由意志) 91-7

자유주의(自由主義) 84-32, 85-20

자인면(慈仁面) 142-8, 143-10

자코뱅 당(Jacobin黨), 쟈코빈 당 5-16

작도리(鵲島里) 128-24

《작일이전(昨日以前, The Days Before Yesterday)》 153-10

잔 다르크(Jeanne d' Arc) 88-17

장 조레스(Jean Jaurès) 24-4

장개석(蔣介石) 23-25, 96-24, 97-19, 101-20, 103-23, 112-23, 132-25

장곡천교회(長谷川敎會) 146-10

장곡천정(長谷川町) 42-25, 134-26, 137-26, 139-26, 141-23

장기려(張起呂) 139-26

장단(長湍) 100-20

장대현교회(章臺峴敎會) → 평양장대현교회(平壤章臺峴敎會)

장도원(張道源), 장목사(張牧師) 26-13, 25, 27-11, 23, 28-9, 29-1, 12, 25, 30-7,
    31-1, 4, 25, 32-1, 2, 25, 33-1, 4, 21, 25, 34-0~2, 14, 25, 35-0, 2, 7, 36-
    1, 21, 37-0, 1, 38-0, 1, 38-17, 39-13, 23, 41-1, 3, 5, 25, 26, 42-5, 43-1,
    4, 44-1, 9, 14, 45-1, 16, 20, 46-11, 17, 25, 47-1, 6, 19, 48-7, 14, 17, 25,
    49-8, 53-7, 26, 54-2, 19, 55-2, 56-1, 19, 57-14, 58-0, 9, 59-5, 16, 65-
    24, 67-17, 26, 69-18, 21, 22, 70-22, 74-23, 25, 75-22, 25, 77-11, 12,
    19, 78-1, 2, 19, 20, 79-23, 80-16

장도정(長島町) 92-26

장락형(張樂亨) 119-25

장례세(張禮世) 22-25

장로교(長老敎), 장로파(長老派), 장로교파(長老敎派), 장로회(長老會), 장(長) 20-
    24, 35-18, 37-18, 46-0, 26, 72-2, 74-0, 75-1, 2, 23, 24, 76-0, 78-2,
    79-19, 27, 80-23, 83-2, 14, 126-16, 127-22, 132-14, 133-2, 136-1, 15,
    137-24, 140-26

장로교평양노회(長老敎平壤老會) 84-23

장로교회(長老敎會) 20-22, 86-2, 88-0, 14, 24, 93-1, 21

장로교회종교교육부(長老敎會宗敎敎育部) 72-26

장로교회평양신학교(長老敎會平壤神學校) 88-11

장백산(長白山) → 백두산(白頭山)

장백산맥(長白山脈) 62-20, 66-6, 8, 69-4, 5, 10, 12, 70-8

장비(張飛) 82-11

장안성(長安城) 65-2

장안평(長安坪) 70-21

장양헌(張良憲) 35 25

장예세(張禮世) 25-25

장용포리(長龍浦里) 35-25

장자(莊子), 장(莊) 36-16, 154-7, 9

장작림(張作霖) 16-9

장준건(張俊鍵) 142-19

장지영(張志暎) 37-25, 41-25, 43-26

장충단(奬忠壇) 69-23, 89-22

장학량(張學良) 94-19, 96-24

잭스(L. P. Jacks) 90-9

잭슨(Jackson), 쟉손 125-24 *중국을 위해 일생을 바친 박사

적극단(積極團) 92-1, 22, 93-21, 96-2

적극신앙단(積極信仰團) 89-1

적선동(積善洞) 83-24

적선여관(積善旅館) 83-24

적십자병원(赤十字病院), 적십자의원(赤十字醫院) 66-25, 122-17, 124-20, 134-
        23, 139-24, 140-21, 143-19, 20, 144-21, 22

전 독일제국(前獨帝) 91-22

전(前) 불가리아 황제(皇帝) 91-22

전(前) 샴 황제(皇帝) 91-22

전(前) 서반아 황제(西班牙皇帝) 91-22

전(前) 아프가니스탄 황제(皇帝) 91-22

전계은(全啓殷) 35-25, 95-23, 158-25

전고생대(前古生代) 93-6, 94-9

전농리(典農里) 19-21, 24, 25

전등사(傳燈寺) 103-20

전라남도(全羅南道), 전남(全南) 46-0, 67-23, 25, 69-22, 75-17, 76-22, 77-17,
        78-29, 79-22, 87-18, 135-24, 136-23, 141-17, 23, 143-23, 151-25

전라도(全羅道) 46-0, 80-7, 139-2

전라북도(全羅北道), 전북(全北) 57-24, 60-7, 143-23

전선중등농구연맹전(全鮮中等籠球聯盟戰) 89-24

전선중등학교농구선수권대회(全鮮中等學校籠球選手權大會) 84-21

《전원 교육(田園の敎育)》68-0, 24, 97-21

전재풍(全在豊) 125-23

《전쟁과 두 부인(戰爭と二人の婦人)》120-21

전제주의(專制主義) 15-5

전조선중등학교농구선수권대회(全朝鮮中等學校籠球選手權大會), 전선중등농구

　　　　대회(全鮮中等籠球大會) 80-22, 82-22

전조선중등학교육상경기대회(全朝鮮中等學校陸上競技大會) 84-21

전주(全州) 72-11, 73-23, 76-21

전진(前津) 128-24

전체주의(全體主義) 137-4, 140-1, 142-16

〈전출사표(前出師表)〉145-19

전한무리아기(前寒武利亞紀), 전한무리아시대(前寒武利亞時代) 94-9, 10

절대타자(絶對他者, Das ganze andre) 15-17

《젊은 베르테르의 슬픔》150-6

점신세(漸新世) 93-6

점촌역(店村驛) 57-17

정교회(正敎會), 정교(正敎) → 그리스 정교

정도순(鄭道舜) 101-17

정동교회(貞洞敎會), 정동예배당(貞洞禮拜堂) 131-23, 132-21, 151-19

정두원(鄭斗源) 80-6

정릉(貞陵) 93-23

정릉(貞陵)고개 95-23

정릉리(貞陵里) 88-11, 23~25, 89-22, 23, 25, 90-1, 20, 90-23, 26, 91-24~26,

　　　　94-17, 95-21, 25, 98-0, 24, 99-19, 23, 103-22, 104-20, 114-19, 115-

　　　　25, 119-0, 24, 120-12, 26, 121-16, 19, 25, 122-19, 124-24, 26, 125-

　　　　22, 126-26, 130-19, 21, 132-20, 135-26, 136-26, 137-26, 139-26,

　　　　140-26, 142-9, 24, 143-21, 26, 144-28, 145-1, 148-9, 149-25, 151-26,

　　　　152-15, 153-26, 154-26, 155-26, 156-26, 158-25

정릉현(貞陵峴) → 상현(想峴)

정말(丁抹), 정말국(丁抹國) → 덴마크(Denmark)

정명여학교(貞明女學校) 105-23

정몽주(鄭夢周), 정선생 9-23, 26-5, 47-25, 70-22, 73-7, 74-6, 23, 132-10

정상훈(鄭相勳), 정형(鄭兄), 정(鄭) 1-3, 7, 16, 33, 41, 2-1~3, 25, 35~37, 3-1, 9,

4 8, 25, 38, 39, 5 0 2, 7, 13, 16, 27, 34, 6 17, 21, 36, 7 0 2, 23, 8 17,
22, 9-5, 11, 10-11, 12, 11-17, 12-12, 18, 13-11, 14-13, 15-13, 16-5, 11,
25, 17-1, 23~25, 18-24, 25, 19-7, 25, 20-12, 21-24, 22-25, 28-25, 29-
25, 68-24, 74-24, 25, 75-24, 85-0, 98-22, 23, 102-23, 112-19, 117-19,
121-21, 150-1, 18

정세권(鄭世權) 61-16, 101-17

《정신갱생(精神更生)》121-18

정신작흥조서 봉독식(精神作興詔書奉讀式) 84-19

정신작흥주간(精神作興週間) 95-22, 23, 107-24

정약용(丁若鏞) 79-6, 80-6, 8, 122-16

정약종(丁若鍾) 80-6, 8

정유재란(丁酉再亂) 78-3, 80-5

정읍(井邑) 57-23

정인과(鄭仁果) 102-21

정인지(鄭麟趾) 73-5, 75-5, 9, 10

정재운(鄭再雲), 정선생 86-25, 90-22, 23, 92-24, 102-23

정정순(鄭貞順) 133-24

정조(正祖) 79-5, 6, 80-6, 7, 8, 10

정주(定州), 정주군(定州郡), 정주읍(定州邑) 17-7, 30-25, 64-16, 73-12, 78-5,
98-19, 127-25, 132-2, 141-24, 151-25

정주읍교회(定州邑教會) 112-9

정중부(鄭仲夫) 72-7, 8

정지상(鄭知常) 72-5, 6

정치가적예언자(政治家的豫言者, Statesman Prophet) 92-13

정토진종(淨土眞宗) 27-14

정포은(鄭圃隱) → 정몽주(鄭夢周)

정항령(鄭恒齡) 79-6

제1차 세계대전, 대전(大戰) 129-1, 132-0, 137-14

제2 슈파이어(Speyer) 회의, 제2 스파이에르 회의 20-2

제2차 바빌론 유수(幽囚), 제2차 바빌논 유수 13-9

제2차 세계대전, 세계전쟁(世界戰爭) 129-22, 130-7, 132-0, 137-4, 144-0

제3기(第三紀) 93-6, 95-3~5

제4기(第四紀) 93-6, 95-4

제갈공명(諸葛孔明), 제갈량(諸葛亮) 25-11, 73-4, 122-3, 145-19

제국극장(帝國劇場) 83-24

제국주의(帝國主義) 24-25, 26-8

제네바(Geneva), 제나바, 쩨네바 15-3, 48-0, 49-0

제노아(Genoa) 80-5

제롬(Gerome) → 히에로니무스(Hieronymus)

제사장(祭司長) 27-9, 39-7, 8, 40-16

제석산(帝釋山, 오산) 20-26, 30-25

제일고등중학교(第一高等中學校, 도쿄), 제일고등학교(第一高等學校) 18-4

제정 노국(帝政露國) → 제정 러시아

제정 러시아 20-1

제주도(濟州道) 44-25, 62-20, 65-4, 80-6, 120-23, 122-21

제칠일안식교회(第七日安息敎會) 91-2

제환공(齊桓公) 82-11

져스틴 → 유스티노(Justin) 57-2

조격동(照格洞) 86-25

조락도(助樂島) 62-20

조령(鳥嶺) 74-3, 140-3

조로아스터교(Zoroastrianism), 조로아스타-교, 조로아스터, 조로아스타 65-
    7, 92-4, 145-9

조만식(曺晩植) 17-6

조목단(趙牧丹) 79-20

조민형(趙敏衡) 49-26

조복성(趙福成) 28-25

조선(朝鮮), 선(鮮) 15-3, 17-6~11, 13, 16, 21, 24, 19-15, 20-12, 21-6, 7, 14,
    22, 22-13, 24-2, 16, 18, 25-11, 20, 22, 23, 26-1, 7, 27-11, 25, 28-25,
    29-13, 30-14, 24, 32-1~4, 12~14, 33-23, 34-2~4, 35-2, 18, 21, 36-1,
    3, 4, 37-6, 10, 14, 20, 24, 25, 38-23, 25, 39-0, 1, 6, 40-25, 41-2, 25,
    42-25, 43-6, 7, 43-26, 44-6, 26, 45-3, 4, 14, 15, 25, 26, 47-4, 5, 25,
    48-25, 49-0, 25, 50-23, 52-0, 3, 8, 9, 12, 53-24, 26, 54-1, 19, 25, 26,
    55-0, 1, 8, 25, 56-0, 25, 57-19, 25, 26, 58-0, 2, 26, 59-0, 24, 60-1, 25,
    61-6~9, 11, 62-9, 15, 16, 19-23, 63-13, 18, 21, 64-3, 7, 10, 12-16, 65-
    2~4, 8-10, 66-3, 5, 7, 8, 14, 24, 67-0, 3, 7, 68-3, 16, 25, 69-5, 8-12,

19, 20, 25, 70-1, 7~9, 71-17~20, 72-2, 4, 5, 7, 8, 17~20, 22~24, 73, 5,
6, 8, 11, 14, 23, 25, 74 0, 8, 18, 19, 25, 26, 75-7, 10, 12, 22, 23, 26, 76-
0, 1, 5, 6, 10, 12, 20, 23, 24, 26, 77-2, 11, 13, 15, 17, 19, 20, 78-1~5, 8,
9, 15~17, 19, 20, 22, 23, 30, 79-3, 6, 9, 20, 23, 25, 26, 28, 80-0, 3~10,
20~23, 25, 81-0, 1, 19, 22, 23, 26, 82-1, 5, 9, 10, 21~23, 26, 83-14, 19,
23, 26, 84-1, 20, 22, 31, 32, 85-1, 9, 11, 15, 16, 18~23, 25, 86-24, 88-
4, 22, 91-20, 93-5, 94-24, 120-9, 17, 24, 25, 121-3, 4, 14, 19, 22~24,
122-0, 11, 13, 16, 20~22, 25, 123-8, 21, 26, 124-2, 7, 20, 22, 125-19,
20, 126-1, 127-8, 17, 22, 128-10, 23, 129-11, 23, 130-1, 19, 22, 25,
131-0, 23~25, 132-2, 133-7, 18, 134-14, 23, 24, 135-14, 20, 22, 24,
136-1, 9, 19~21, 23, 137-1, 2, 17, 22, 26, 139-1, 19, 140-0, 1, 3, 23,
141-23, 142-4, 11, 19, 21, 22, 24, 143-4, 23, 145-0, 5, 146-0, 156-2

조선(朝鮮)호텔 94-23

조선교회(朝鮮教會) 21-5, 23-25, 52-10, 11, 14, 15, 54-20, 25, 56-25, 85-1,
86-0

조선극장(朝鮮劇場) 45-25, 77-16

조선글 60-25

조선기독교(朝鮮基督教) 50-24, 53-0, 54-6, 14, 57-18, 85-1

조선기독교청년회관(朝鮮基督教青年會館) 135-17

조선기독교회(朝鮮基督教會) 92-22

조선나예방협회(朝鮮癩豫防協會) 80-21

조선농구협회(朝鮮籠球協會) 74-22, 77-18, 89-24

《조선농촌구제책(朝鮮農村救濟策)》49-26

조선대박람회(朝鮮大博覽會) 143-20

조선만(朝鮮灣) 74-3

조선무교회주의(朝鮮無教會主義) 89-23

조선문(朝鮮文), 선문(鮮文) 80-19, 123-19, 127-22, 133-1, 133-24, 137-4, 139-
26

《조선문예연감(朝鮮文藝年鑑)》124-20

조선미술전람회(朝鮮美術展覽會) 90-21

조선민족(朝鮮民族) 17-15, 21-6, 67-4, 68-4, 6, 70-4, 5, 71-3, 4 72-4, 73-3~5,
74-3, 5, 7, 25, 75-7, 22, 77-12, 82-5

조선민중(朝鮮民衆) 17-15

조선박물연구회(朝鮮博物硏究會) 103-20, 104-21, 127-25, 129-23

조선박물학회(朝鮮博物學會) 74-22, 78-27, 95-21

조선반도(朝鮮半島) 72-2, 11, 76-11, 92-12, 94-1

조선복(朝鮮服) 141-19

조선복음교회(朝鮮福音敎會) 88-0, 94-0

조선사(朝鮮史) 62-3

조선사람, 조선인(朝鮮人), 조선동포(朝鮮同胞) 12-24, 17-15, 20-24, 21-5, 23-
        22, 53-0, 54-0, 19, 64-16, 67-0, 4, 5, 7, 8, 68-0, 4~6, 17, 69-3, 6, 70-
        1, 5, 7, 10, 24, 71-3~5, 72-3, 17, 20, 73-5, 74-5, 7, 23, 75-7, 23, 76-6,
        7, 78-5, 81-18, 83-21, 23, 84-23, 87-26, 94-23, 120-17, 22, 121-13,
        23, 122-21, 23, 24, 126-1, 22, 127-8, 131-0, 131-6, 134-19, 20, 135-
        2, 136-1, 22, 138-22, 139-23, 142-10, 143-1

조선사상(朝鮮思想) 71-7

《조선사상사운동개관(朝鮮思想史運動槪觀)》, 《조선사상운동개관(朝鮮思想運動
        槪觀)》 150-1

조선사회(朝鮮社會) 21-5, 6, 21-8

조선산 기독교(朝鮮産基督敎) 81-1

조선식물명칭사정회(朝鮮植物名稱査定會) 73-16

조선신궁(朝鮮神宮) 83-22, 95-20, 106-23, 25, 107-24, 119-19, 120-17, 122-
        21, 123-22, 124-23, 126-19, 25, 127-23, 128-23, 130-23, 131-21,
        142-24

조선심(朝鮮心) 65-10, 66-25, 72-3, 74-6, 75-7, 9, 76-7, 77-12, 81-2, 132-21

조선애국반(朝鮮愛國班) 135-0, 137-0

조선야소교서회(朝鮮耶蘇敎書會) 38-25, 39-26, 40-26, 41-26, 42-26, 43-26,
        44-26, 45-26, 46-26, 47-26, 50-26

조선어(朝鮮語), 조선말 50-23, 74-22, 83-21, 23, 87-26, 120-19, 121-14, 21,
        122-22, 127-24, 133-9, 136-22, 140-22, 143-5

《조선어사전(朝鮮語事典)》 117-23

조선역사(朝鮮歷史) 73-3, 4, 7, 74-3, 6, 7, 75-3, 26, 76-7, 96-22, 25, 97-22,
        103-22, 107-25, 108-19, 21, 117-18

《조선역사(朝鮮歷史)》 79-6

〈조선일보(朝鮮日報)〉 43-26, 79-19, 90-24

조선일보사(朝鮮日報社) 95-20

조선장로교회(朝鮮長老敎會), 장로교회 19-14, 17, 86-2, 93-21

조선적 기독교(朝鮮的基督敎) 8-4

조선정신(朝鮮精神) 71-6

조선족(朝鮮族) 66-6, 69-10

조선중앙기독교청년회(朝鮮中央基督敎靑年會) 74-21, 75-2, 20, 77-2, 84-19

〈조선중앙일보(朝鮮中央日報)〉 74-25, 90-24, 93-24

〈조선지리소고(小考)〉 146-25, 147-25, 148-25

《조선천주교소사(朝鮮天主敎小史)》 80-7

조선철도국(朝鮮鐵道局) 72-23, 82-22

조선청년(朝鮮靑年) 145-5

조선총독부(朝鮮總督府) 53-25, 72-23, 76-12, 80-20, 82-23, 120-12, 23, 121-
　　　　21, 122-19, 20, 124-20, 127-20, 128-20, 130-21, 131-21, 22, 132-20,
　　　　22, 133-7, 18, 134-22, 23, 135-20, 136-25, 137-16, 19, 25, 138-24,
　　　　139-22, 23, 140-21, 25, 141-18, 22~25, 142-24, 145-21, 23

조선축구단(朝鮮蹴球團) 74-22

《조선통사(朝鮮通史)》 61-9

조선혼(朝鮮魂) 73-7, 8, 75-7, 77-17, 24

조성빈(趙誠斌), 조군(趙君) 75-13, 20, 25, 76-13, 77-3, 78-11, 27, 79-17, 80-
　　　　11, 81-13, 82-19, 83-11, 90-12, 16~21, 92-25, 93-26

조성지(趙聖祉) 133-9, 134-15, 136-15, 137-12, 138-12, 139-11, 140-11, 141-
　　　　9, 18, 143-15, 144-5, 145-11, 146-13, 147-12, 148-11, 151-12, 152-9,
　　　　153-9, 154-19, 155-14, 156-7, 157-20, 158-19

조성진(趙成震) 118-21, 23, 119-25, 19, 24

조시가야(雜司谷) 136-24

조여(趙旅) 76-3

조영제(趙英濟) 35-0

조용구(曺埔九) 133-24

조자룡(趙子龍) 25-11

조지 5세(George V) 141-9

조지 맥큔(G. McCune), 죠지 맥큔 → 윤산온(尹山溫)

조직신학(組織神學) 60-1, 94-3

조촌역(趙村驛) 134-14, 137-23

조치원(鳥致院) 57-17

조합교회(組合教會) 141-23, 142-20, 24

조항산(鳥項山) 23-22

존스(Henry Arthur Jones), 헨리아-서쫀즈 133-13, 134-15, 16

존스(S. Jones) 136-14

존슨(S. Johnson), 죤슨, 존손 박사 25-16, 51-14, 56-12, 59-0

졸본(卒本) 70-4

종교개혁(宗敎改革) 24-11, 25-1, 27-1, 72-26, 74-26, 75-26, 76-26, 77-20,
　　　　78-30, 79-28, 81-26, 82-26, 84-33, 123-3, 132-26, 133-26, 137-26,
　　　　138-4, 140-6, 141-26, 142-17, 26

종교교회(宗橋敎會) 74-21

《종교(宗敎)와 과학(科學)》88-25

《종교와 문학(宗敎と文學)》19-17, 18

《종교(宗敎)와 정치(政治)》148-15

종교적우주관(宗敎的宇宙觀) 90-7

종로(鐘路) 17-25, 38-25, 46-0, 54-26, 74-21, 22, 80-26, 81-2, 26, 82-26,
　　　　83-25, 26, 84-34, 85-26, 87-26, 88-26, 89-26, 92-26, 93-26, 94-22,
　　　　26, 95-23, 25, 26, 120-18, 26, 122-21, 123-20, 124-17, 19, 23, 26,
　　　　125-23, 26, 126-25, 26, 127-23, 130-2, 19, 132-24, 134-23, 139-23,
　　　　140-26, 142-3, 23

종로경찰서(鐘路警察署) 141-22, 142-19

종로중앙기독교청년회(YMCA) 45-26

종로중앙전도관(鐘路 中央傳道館) 41-25

종로청년회관(鐘路靑年會館) 95-25

종로통(鐘路通) 95-23

종말론(終末論), 종말관(終末觀) 27-20

종묘(宗廟) 17-24

종성(鍾城) 128-24, 134-23, 152-25

종성역(鍾城驛) 128-24

《종(種)의 기원(起原)》90-10

《좋은 친구(よい友達)》121-18

죠슈(上州, 군마 현의 옛 이름) 20-23

죠-지 뮬러 155-21

주가둔(奏家屯) 137-22

주공(周公) 104-24, 106-24

주관적 신앙(主觀的信仰) 93-1, 2, 94-8, 95-23

주교공보(舟橋公普) 89-25

주내면(州內面) 62-24

주라기(侏羅紀, 珠羅紀) → 쥐라기(Jurassic Period)

주몽(朱蒙) 69-5, 70-4, 72-7, 73-6

주문모(周文謨) 80-8

주약한(朱約翰) → 주요한(朱耀翰)

《주역(周易)》 21-14

〈주오코론(中央公論)〉 96-23

주요한(朱耀翰) 90-24

주원장(朱元璋) 73-3

주유(周瑜) 73-4

주을(朱乙) 45-26, 128-24

주을온천(朱乙溫泉) 128-24

주자학(朱子學) 79-5

주피터(Jupiter) 신전(神殿), 쥬-피터 신전 56-13

죽첨정(竹添町) 134-26, 135-24

중강진(中江鎭) 140-3

중국(中國) 11-9, 14-2, 18-1, 19-21, 25-18, 27-3, 29-13, 31-17, 37-10, 37-20,
48-4, 50-23, 69-19, 56-6, 62-15, 62-16, 64-7, 20, 62-3, 65-4, 9, 66-
2, 4, 5, 8, 14, 16, 67-9, 68-3, 69-2, 5, 6, 8, 9, 12, 70-7, 10, 11, 72-2, 5,
7, 11, 73-3, 74-7, 75-12, 76-21, 79-3, 5, 80-5, 7~9, 82-11, 84-1, 87-
11, 91-25, 120-18, 122-23, 125-24, 126-2, 129-20, 137-12, 138-14,
140-13, 15, 26

중국문명(中國文明) 14-20

중국민족(中國民族) 91-20

중국선교협회(中國宣教協會) 145-17

중국인(中國人) 12-16, 145-17

중동고등학교(中東高等學校), 중동학교(中東學校), 중동(中東) 84-22, 89-23, 95-
25

중랑교(中浪橋) 70-21

중생대(中生代) 23-20, 93-6, 94-13, 14, 95-3~5

중신세(中新世) 93-6

중앙고보(中央高普) 119-22

중앙군(中央軍) 18-25

중앙기독교청년회(中央基督敎靑年會) 17-24, 125-23, 139-23

중앙리(中央里, 소록도) 86-26, 87-18, 89-20, 121-18, 20, 133-24, 137-17, 143-22

중앙선(中央線) 133-19

중앙여관(中央旅館) 93-26

〈중앙일보(中央日報)〉 → 〈조선중앙일보(朝鮮中央日報)〉

중앙청년회관(中央靑年會館) 23-24

중앙호텔 139-24

《중용(中庸)》 21-14, 92-2

중일전쟁(中日戰爭) 127-23, 131-21, 135-0, 137-0, 139-0, 19, 20, 141-0, 142-
          11, 145~158의 0

중학정(中學町) 125-24

중화민국(中華民國) 31-17, 148-19

중화인(中華人) → 중국인(中國人)

중흥동(中興洞) 143-25, 144-19, 147-25, 158-25

쥐라기(Jurassic Period) 93-6, 94-14

즈시(逗子) 136-22

즈푸(芝罘) 94-15

지나(支那), 지(支) → 중국(中國)

지나문명(支那文明) → 중국문명(中國文明)

지나민족(支那民族) → 중국민족(中國民族)

지나사변(支那事變) → 중일전쟁(中日戰爭)

지동설(地動說) 23-25, 90-7

지리산(智異山) 62-18, 74-3, 4, 99-24

지리학(地理學) 147-9

지문학(地文學) 94-6

지브롤터(Gibraltar), 지브랠타 46-9

지상교회(地上敎會) 86-4

《지상낙원(地上樂園)》 48-4

지식주의(知識主義) 90-5

지아무쓰 → 가목사(佳木斯)

〈지옥편(地獄篇)〉 16-11, 17-5, 145-26

지유기오기(白由ゥ丘) 94-26

지유리아기(志留里亞紀) 93-6, 94-11

지인론(地人論) 102-10

지장보살(地藏菩薩) 21-24

지전부대(池田部隊) 94-19

지중해(地中海) 5-34, 11-12, 72-11, 134-9

지질시대(地質時代) 93-5

지질학(地質學) 90-3, 94-9

직녀(織女) 127-23

직송리(植松里) 70-22

진강산(鎭江山) 94-19

진관사(津寬寺) 68-24

진남포(鎭南浦) 38-26, 62-19, 65-4, 144-22

진도(珍島) 62-19

진리(鎭里) 128-9

진명고등여학교(進明高等女學校) 141-18

진사현(陳巳玄) 57-23

진산(珍山) 80-7

진시황(秦始皇) 5-16, 9-17, 17-20, 57-0, 64-3, 88-5, 12, 94-10

진영농장(進永農場) 125-19

진위군(振威郡) 142-8

진주(晉州) 127-16

진한(辰韓) 69-5

진화론(進化論) 23-25, 27-5, 73-12, 87-22, 89-3, 7, 8, 90-3, 91-6, 9, 94-10,
        131-4, 144-18, 147-7

진흥왕순수비(眞興王巡狩碑) 104-22

진흥회(振興會) 77-2

집안(輯安) 79-23

집현전(集賢殿) 74-6~8, 75-5

짠 쪼레쓰 → 장 조레스(Jean Jaurès)

짠딱크 → 잔 다르크(Jeanne d'Arc)

쨕스 → 잭스(L. P. Jacks)

쩨이띄뻬레스포-드 133-13

쬬지·맥큔 → 윤산온(尹山溫)

쫀루-츠 137-12, 14, 139-14

쭈링크리 → 츠빙글리(H. Zwingli)

ㅊ

차일봉(遮日峰) 127-24, 140-22

차천자(車天子) 차경석(車京石) 27-19

《찬송(讚頌)이 약동(躍動)》 48-26

찰스(Charles) 대제(大帝) 86-12

찰스(R. H. Charles) 61-15

〈참깨와 백합(百合)〉 148-14

참복음주의 → 무교회주의(無敎會主義)

창경원(昌慶苑) 23-21, 81-2, 89-22, 100-25, 101-17, 18, 112-23, 124-24, 136-
          20, 25, 144-19

창동역(倉洞驛) 70-22

창문사(彰文社) 21-25

〈창부(娼婦)였던 여자(女子)〉 82-10

창성동(昌成洞) 84-22

창신동(昌信洞) 17-25

창씨(創氏) 138-23

창원군(昌原郡) 151-25

창의문(彰義門) 68-24, 76-22, 79-22, 89-25, 90-18, 125-26, 127-19, 135-20

창조설(創造說) 91-5, 92-7

《창조(創造)의 생활(生活)》 100-19, 21

창조적 불변자(創造的不變者) 88-5

채구(蔡丘) 82-11

채제공(蔡濟恭) 80-8

채프먼(Chapman) 52-3

챂맨 → 채프먼(Chapman)

처칠(W. Churchill), 쥐췰 137-13

천개(天開) 72-6

천곡(泉谷) 123-20, 125-19, 23, 131-0, 134-25

천곡학원(泉谷學院) 123-21, 124-24, 134-25, 137-21

천관사지(天官寺趾) 23-22

천도교(天道教) 28-25, 32-16, 47-0, 84-1, 88-23, 140-6, 26

〈천래지성(天來之聲)〉 20-25, 54-26, 94-0

《천로역정(天路歷程)》 91-24, 99-5, 136-22

천리교(天理教) 32-16

천문섭(千文燮) 80-25, 81-24

천문학(天文學) 90-3, 6, 94-6

〈천상(天上)의 서곡(序曲)〉《파우스트》 92-8

천상교회(天上教會) 86-4

천세왕(千世王) 122-24

천안(天安) 82-25

천연학(天然學) 94-7

천우당(天佑堂) 80-26, 81-26, 82-25

천주교(天主教) → 가톨릭교

천주교공교회(天主教公教會) 93-1

천주교회(天主教會) 86-2

천주학(天主學) 80-6, 7

천진(天津) 126-25, 127-20

천축사(天竺寺) 70-22

천향원(天香園) 92-25, 121-21, 138-19

철도국도서관(鐵道國圖書館) 91-25

철도의원(鐵道醫院) 128-21

철령(鐵嶺) 74-3

철령위(鐵嶺衛) 73-3

철옹성(鐵瓮城) 21-24

철원(鐵原) 73-6, 120-24

철학적우주관(哲學的宇宙觀) 90-7

철학적우주론(哲學的宇宙論) 90-5

첨성대(瞻星臺) 23-21, 23

청(淸) 78-5, 7, 79-4, 80-10

120

청계동(淸溪洞) 69-23, 81-19, 21, 25

청계천(淸溪川) 115-23

청교도(淸敎徒) 5-21, 16-19, 73-14, 127-25

청담(淸潭) → 이중환(李重煥)

청량리(淸凉里) 19-24, 25, 67-23, 70-2, 74-24, 92-22, 24, 106-22, 110-23, 120-18, 122-17, 124-23, 26, 127-25, 128-25, 133-19, 134-21, 139-24, 141-21, 143-20, 144-27

청량리(淸凉里) 안식교병원(安息敎病院) 97-22, 98-24, 100-20, 103-23

청량사(淸凉寺) 127-25

청령포(淸泠浦) 75-9

청룡리(靑龍理) 57-23

청목당(靑木堂) 88-24, 94-25

청산도(靑山島) 62-20

청소설(靑素說) 91-6

청소화합물(靑素化合物) 91-8

청수동(淸水洞) 120-25, 142-24

청수천(淸水川) 145-1

청운교(靑雲橋) 23-22

청원역(淸原驛) 72-24

청천(淸川) 70-3

청천강(淸川江) 21-24, 70-7, 9

청태조(淸太祖) 78-5

청태종(淸太宗) 78-3, 5~8

청한산(淸漢山) 141-24

체신사업관(遞信事業館) 120-18

체신성(遞信省) 120-18, 121-22, 127-1, 136-24

체임벌린(A. N. Chamberlain) 111-22, 118-23

체코슬로바키아(Czechoslovakia), 체코슬로바키야, 체코, 첵코 86-15, 16, 123-25

초국(楚國) 41-0

초대(初代) 기독교(基督敎) 신자(信者) 144-13

초산(硝酸)암모니아설(說) 91-6

초서(G. Chaucer), 쵸-서 52-23

〈초적(草摘)〉 145-21

초지아(丁字屋) 120-21, 130-21

촉왕(蜀王) 76-5

총독부(總督府) → 조선총독부(朝鮮總督府)

총후후원(銃後後援) 강조주간(强調週間) 130-23

찰즈 헤인즈 137-12

최경화(崔京化) 35-25

최광호(崔光鎬) 81-23

최난헌(崔蘭軒) 80-8

최남선(崔南善) 66-23, 79-6

최득의(崔得義) 71-23

최명학(崔明學) 68-21, 93-21, 97-24

최병록(崔炳祿) 153-25

최병수(崔炳洙) 59-25, 69-25, 82-1

최봉칙(崔鳳則) 104-23

최부자댁(崔富者宅) 23-21

최석인(崔錫仁) 138-23

최승로(崔承老) 71-7

최승희(崔承喜) 98-24

최시풍(崔時豐) 127-23, 131-0

최시항(崔時恒) 124-17, 131-0

최영(崔瑩) 73-3~6, 74-4, 6

최용경(崔容璟), 최선생 123-20, 21, 124-17, 131-0

최용신(崔容信), 최씨, 최양 74-25, 77-17, 122-19, 25, 123-20, 21, 124-17, 19,
    125-19, 23, 127-23, 128-2, 25, 129-22, 23, 26, 130-8, 22, 23, 131-
    0, 24, 25, 132-12, 18, 23~25, 133-17, 22~24, 134-0, 135-21, 137-21,
    140-22, 155-10, 25, 26

《최용신 소전(崔容信小傳)》,《최용신소전》,《최용신양소전》,《최용신양 전기》
    130-26, 131-0, 21, 26, 132-18, 20, 22~26, 133-16, 18, 22~24, 26,
    134-0, 22, 23, 26, 136-26, 137-26, 138-22, 26, 141-26, 142-23, 26,
    143-20, 23, 144-21, 28 145-20, 26, 146-26, 147-26, 148-26, 149-19,
    26, 150-26, 152-26, 153-16, 154-26, 155-10, 25, 26, 156-26, 157-26,
    158-26

최이순(崔彝順) 141-21

최전도(崔傳道), 최형제 137-1, 2, 139-21, 141-21

최제우(崔濟愚) 47-25

최충(崔沖) 71-8, 72-7

최충헌(崔忠獻) 72-8

최치원(崔致遠) 70-9

최태사(崔太士) 61-7

최태용(崔泰鎔) → 최태용(崔泰瑢) *'鎔'은 오기(誤記)

최태용(崔泰瑢), 최감독(崔監督) 19-15~17, 19, 20-22, 40-25, 41-25, 54-26, 55-
    25, 70-21, 77-12, 84-19, 20, 22, 86-25, 88-0, 92-24, 94-0~2, 95-22,
    102-23, 114-24, 122-16, 131-25, 135-24

최태주(崔泰珠) 41-1

최학기운동구점(崔學基運動具店) 125-24

최항(崔恒) 75-6

최흥종(崔興綜) 97-24, 99-20

추목단(秋牧丹) 147-10

추자군도(楸子群島) 62-20

추쿠지 12-16 *시베리아의 인종

추-톤 민족, 추톤족 → 튜튼 족(Teutonic peoples)

추풍령(秋風嶺) 18-12, 74-3

축만제(祝萬堤) 88-22

춘원(春園) → 이광수(李光洙)

춘일등(春日燈) 23-22, 23

춘천(春川) 71-25, 85-6, 7, 89-20, 23, 90-22, 128-25, 129-9, 25, 131-25, 145-
    24

춘천역(春川驛) 129-25

춘천중학교(春川中學校) 129-25

춘추시대(春秋時代) 82-11

춘추전국시대(春秋戰國時代) 79-3

〈춘향전(春香傳)〉 45-25, 81-24, 82-8

〈출사표(出師表)〉 25-11, 145-19

충무공(忠武公) → 이순신(李舜臣)

충북(忠北) 18-12

충적세(沖積世) 93-6

충적층(沖積層) 93 5

충주(忠州) 54-24, 57-17, 18, 64-0, 78-6, 92-22

충청남도(忠淸南道), 충남(忠南) 124-18

충청도(忠淸道) 80-8, 121-20

쳄버린, 쳄벌린 → 체임벌린(A. N. Chamberlain)

츠빙글리(H. Zwingli), 츠윙그리 40-3, 42-0, 48-25, 65-6, 67-21

치드누스(Cydnus) 강 40-9

치마대(馳馬臺) 138-23

치마정(馳馬町) 128-24

치성당(致誠堂) 129-24

칠십역(七十譯) 84-3

《칠십인역(七十人譯, Septuagint)》, 《70인역 성서》, 《70인역》 34-6, 40-12, 59-1,
       64-25, 65-19

칠현인(七賢人) 11-12

칭기스칸 131-1, 143-1

ㅋ

카네기(A. Carnegie), 카-네기 91-14

카르케미시(Carchemish) 전쟁, 칼케미시 전쟁 79-15

카르타고(Cartago), 카루다고 67-20

카르파티아 산맥(Carpathian Mountains), 칼파지아 95-4

카를 하임(Karl Heim), 카-ㄹ 하임 29-24, 136-14

카메론(J. Camerron) 95-7

카스피 해(Caspian Sea) 26-10

카이사르(G. J. Caesar), 11-12, 16, 14-20, 47-14, 50-11, 16, 68-10, 131-1, 134-
       10

칸첸중가(Kanchenjunga), 칸첸융가 146-13

칸트(I. Kant) 8-9, 24-15, 27-6, 51-9, 24, 91-4, 92-4, 125-11, 155-9, 156-1

칸트 철학 52-25

칼라브리아(Calabria) 반도, 칼라부리아 반도 62-23

칼라일(T. Carlyle), 카라일, 칼-라일, 카-라일, 카-ㄹ라일 7-10, 10-6, 21-17, 25, 22-15, 27-1, 28-19, 35-22, 38-5, 6, 48-6, 56-3, 61-4, 63-24, 65-5, 73-16, 86-0, 90-8, 91-21, 96-23, 106-4, 126-2, 127-19, 139-5, 145-7, 147-7, 152-2, 156-1

칼뱅(J. Calvin), 칼빈 3-10, 4-24, 26, 11-22, 16-2, 20-8, 21-22, 25-1, 30-24, 36-14, 25, 40-3, 42-0, 43-3, 53-3, 55-26, 59-12, 13, 67-21, 91-5, 124-12, 142-17, 145-7, 147-7, 152-2, 156-1

칼뱅주의(Calvinism) 53-16, 151-11

칼뱅파, 칼빈파 20-4

칼비니슴, 칼빈주의 → 칼뱅주의(Calvinism)

캄챠카 반도(Kamchatka Peninsula) 62-24

캐나다(Canada), 카나다 42-0, 66-5, 69-9, 130-22, 151-12

캔터베리 대주교(archbishop of Canterbury), 캔터베리 대 승정(僧正) 147-18

캔터베리(Canterbury) 134-18

캘리포니아 서양배 91-12

캘리포니아(California), 캘리포니아 주, 칼리포니아 91-11, 20, 92-20, 140-23

캠벨(R. J. Campbell) 158-21

컴벌랜드(Cumberland) 교회, 캄버란드 교회 154-24

케말 아타튀르크(Kemal Atat?rk), 케말 아타듈크 파샤 120-19

케손(Manuel (Luis) Quezon (y Molina)) 84-20

케일 95-14

케임브리지 대학, 켐부릿지 대학 148-12

케임브리지(Cambridge), 켐부릿지, 캠브리지 136-16, 141-11, 143-18, 144-5, 7, 8, 154-20

케직(Keswick), 케직크 141-13

케투빔(Kethubhim) 84-4

케플러(J. Kepler), 케플라 90-7

켄 트위첼 147-13, 14, 148-12, 16, 17, 151-12, 152-12, 153-12, 154-19

켄트(Kent) 91-21, 133-12, 136-15

켈수스(Celsus) 40-11

켈트 족(Celts), 켈트 70-5

《코란(Qur'an)》 코-란 16-5, 21-14, 38-6

코르시카(Corsica) 섬 70-2

코카서스 산맥(the Caucasus Mountains), 코-카쓰 95-4

고버스 그리스티 14/-15, 16

코페르니쿠스(N. Copernicus), 코페르니쿠쓰, 코펠늭쓰, 코펠니크스, 코퍼니
　　거스 23-25, 24-15, 49-7, 90-6, 7

코헬렡(Koheleth) 68-8~11

콘스탄티노플(Constantinople), 콘스탄틔노불, 컨스탄틴노-풀 20-1, 46-17

콘스탄티누스(Constantinus), 콘스탄틴, 콘스탄틘, 콘스탄친누스 11-12, 46-
　　17, 18, 20, 136-18

콜럼버스(C. Columbus), 콜럼부스, 콜럼부쓰, 콜룸부스, 콜롬보, 컬럼버스, 코
　　롬부스 10-17, 50-11, 52-3, 61-0, 63-1, 80-5, 143-16

콜로라도(Colorado) 140-23

콜로세움(Colosseum), 코로세움 67-9

콜릿지 137-14

콜시카도(島) → 코르시카(Corsica) 섬

쾌가사(儈伽寺) 68-24

쿠바 → 퀴비에(G. Cuvier)

쿤룬산맥, 곤륜산맥(崑崙山脈) 123-12

퀘이커(Quaker) 137-12

퀴리 부인(M. Skłodowska-Curie) 132-10

퀴비에(G. Cuvier), 쿠비에, 큐비에- 4-3, 38-9, 91-20

크라이스트처치(Christchurch, 영국) 147-15

크롬웰(O. Cromwell) 3-10, 7-10, 10-6, 20, 16-19, 21-22, 22-15, 25-13, 23,
　　51-14, 23, 54-11, 59-10, 91-21, 92-13, 94-7, 121-23, 122-3, 140-3,
　　142-17

《크롬웰전(クロムエル傳)》121-18, 133-24

크리스티(Christi) 126-1 *스코틀랜드 출신 복음 전도자

크세노폰(Xenophon) 60-12, 62-20

크세르크세스(Xerxes), 크셀크스 50-14, 62-6

클라우디 86-13

클라우디우스(Claudius) 1세 27-12

클라크(W. S. Clark), 클라크 선생 115-24, 136-9

클레멘트, 쿠레멘트 57-2

클리브 힉스 목사 155-18, 156-8~11

키루쓰(하나님의 다른 기계) 8-15

키르케고르 (S. Kierkegaard), 킬케골, 칼케골 10-6, 31-17, 62-23

키르크라파트리크 22-14

키릴 62-6

키츠(J. Keats), 기-쓰, 키-쓰 52-3, 53-15, 18

키타바타(北畑) 88-26

키티호크(Kitty Hawk), 키티-호-크 61-0

킬리만자로(Kilimanjaro) 62-17

〈킹(キソグ)〉 80-20, 82-1

ㅌ

타고르(R. Tagore), 타골 66-8, 69-12, 92-6

타란토 만(Gulf of Taranto) 62-23

타우루스(Taurus) 산맥 40-9

타울러(J. Tauler) 86-15

타이완(臺灣) 80-7, 82-11, 121-23, 140-3

《타인론(他人論)》 19-18

탄가조(歎歌調) 84-6

탄금대(彈琴臺) 78-6

탈해왕릉(脫解王陵) 23-23

탕(湯) 임금 87-11

탕평(蕩平) 79-5, 80-8

태고사(太古寺) 121-25, 143-21

태고시대(太古時代) 94-11

태백(太白) 75-10

태백산(太白山) 62-18, 24, 68-4, 69-3, 136-1

태백산맥(太白山脈) 62-15, 74-3, 79-9

태산(泰山) 62-17, 75-6, 137-8

태조릉(太祖陵) 70-21

태종무열왕릉(太宗武烈王陵), 무열왕릉(武烈王陵) 23-20, 21

태화강(太和江) 57-19

《택리지(擇里志)》 79-6

더모피라이 → 테르모필라이(Thermopylae)

터키(Turkey) 62-16, 65-9, 120-19, 149-5

터툴리안(Tertulian), 터-툴리안 85-17

테니슨(A. Tennyson), 테니손 10-6, 13-15, 16, 17-1, 63-17, 68-7, 151-11

테르모필라이(Thermopylae), 테모필리 50-17

테베(Thebes, 그리스) 70-7

테베레(Tevere) 강 11-12

테오그누스(Theognus of Nicaea) 46-20

테오누스(Theonus of Marmarica) 46-20

테오도라(Theodora) 86-13

테첼(J. Tetzel) 27-1

테크노크라시(Technocracy) 80-1

템즈(Thames) 강, 템스강 53-15

토레미- 2세 → 프톨레마이오스(Ptolemaeos) 2세

토마스 아 켐피스(Thomas a Kempis), 토마쓰 아 켐피쓰, 토마쓰.아.켐피쓰-,
　　　도마스아켐피스 21-8, 86-16, 117-14, 120-13, 125-13, 127-12, 129-
　　　17, 131-14

토마스(R. J. Thomas), 도마스 80-8, 120-25, 137-24

토마토-포테토- 92-20

토머스 참스(Thomas De Charmes), 토마스 챠-ㅁ스 40-3

토스카나(Toscana) 5-36, 9-17

토이기(土耳其) → 터키(Turkey)

토인비 홀(Toynbee Hall) 141-12

토하쳅스키 → 투하체프스키(M. N. Tukhachevsky)

토함산(吐含山) 82-24

톨스토이(L. N. Tolstoy) 13-2, 30-17, 55-11, 113-1, 119-16, 130-15, 141-10,
　　　157-1

톨스토이주의 149-3

톰슨 53-18

톰슨(P. Tomson) 66-19, 70-13

통군정(統軍亭) 78-8

통도사(通道寺) 21-7

〈통신(通信)〉 94-26

통천(通川) 35-25

통화(通化) 79-23, 120-22

퇴계(退溪) → 이황(李滉)

투하체프스키(M. N. Tukhachevsky) 102-0, 10, 24

튜튼 족(Teutonic peoples) 11-14

트라팔가(Trafalgar) 해안, 트라팔갈 해안 16-10

트라팔가(Trafalgar) 해전, 트라팔갈 해전 16-10

트랙테어리안(구교) 158-20

트리엔트 종교회의(Council of Trent), 토렌토종교회의 67-21

트위스트(O. Twist), 트위쓰트 141-12

특수창조설(特殊創造說) 91-6

튄다- → 틴데일(W. Tyndale)

티그리스(Tigris), 틔그리스 14-13, 20

티란토만 → 타란토 만(Gulf of Taranto)

티벨 하반(河畔) → 테베레(Tevere) 강

티센도르프(C. Tischendorf), 티쉔돌쭈 64-25

티투스(Titus) 135-12~14

틴데일(W. Tyndale), 틴델 21-22, 39-25

ㅍ

파나마(Panama) 19-24, 66-1, 69-2

파다고니아인(人) 91-20

파라데- 91-21, 92-4 *과학자

파란(波蘭), 파란국(波蘭國), 파(波) → 폴란드(Poland)

파리(Paris), 파리(巴里) 50-18, 62-21, 95-22, 138-23

파리 강화회의(講和會議, Peace Conference at Paris) 78-3

파미르 고원(Pamir Mountains), 파밀고원 68-4

파브르(J. H. Fabre), 파블 99-6

파스칼(Pascal) 10-6, 16-14

파스톨 → 파스퇴르(L. Pasteur)

파스퇴르(L. Pasteur) 90 10

싸시슴(fascism), 파씨슴, 팟시즘 37-20, 75-2

파우스트(Faust), 퐈우스트 88-5, 92-8

《파우스트(Faust)》,《퐈우스트》 21-17, 68-10, 91-4

파울리칸(Paulician) 파(派), 파울리이칸파 86-12, 86-13, 86-16

파울스(Pauls) 49-17 *예수 전기를 쓴 학자

파이칼호 → 바이칼 호(Lake Baikal)

파인아풀퀴-ㄴ쓰 92-20

파주군(坡州郡) 62-25, 149-4

파충류(爬蟲類) 94-13, 14

파타슨 3-10

판노니아(Pannonia) 46-18

팔달산(八達山) 88-22

팔레스타인(Palestine), 파레스타인, 파레스틴, 파레스틴, 파리(레)스틴 5-19,
        8-13, 14, 11-23, 13-7~9, 14-15~17

팔만대장경(八萬大藏經) 16-5, 38-6, 73-8

팔미도(八尾島) 128-9

팔참(八站) 73-3

팔팔함대(八八艦隊) 72-21

패러데이(M. Faraday) 142-14

패트릭(J. Patrick) 65-15

퍼거슨(J. M. Ferguson), 퐈거쓴 136-15

펄니샨 → 펠리샨 신부

페르디난드(Ferdinand) 폐하, 펠지난드 폐하 91-22

페스탈로치(J. H. Pestalozzi), 베스타로치, 페스탈롯지 47-25, 124-18, 128-16

페트라르카(F. Petrarca) 86-16

펜(W. Penn) 132-8

펜실베이니아(Pennsylvania), 펜실바니아 132-8

펜테코스트(Pentecost), 펜타코스트 → 오순절(伍旬節)

펠리샨 신부 64-4

평남선(平南線) 134-14

평남중화읍교회(平南中和邑敎會) 108-24

평안남도(平安南道), 평남(平南) 50-24, 76-21, 77-18, 92-24, 143-23

평안도(平安道) 65-4, 72-6, 73-12, 76-1, 137-24

평안북도(平安北道), 평북(平北) 17-25, 18-25, 53-24, 80-23, 83-21, 85-26, 87-26, 137-1, 141-20, 24, 143-23, 25, 147-25, 151-25, 158-25

평양(平壤), 평양부(平壤府) 9-25, 30-25, 35-2, 36-25, 38-26, 56-25, 62-21, 70-21, 71-5, 17, 72-6, 76-22, 77-18, 79-27, 80-8, 22, 25, 82-8, 22~24, 84-22, 85-1, 93-26, 94-19, 20, 120-25, 124-17, 134-7, 14, 136-22, 137-22, 139-20, 26, 140-9, 26, 141-17, 20, 24, 25, 142-19, 21, 145-19, 23, 147-25

평양고보(平壤高普) 94-20

평양교회(平壤教會) 19-22

평양기독교학교(平壤基督教學校) 84-23

평양부윤(平壤府尹) 89-22

평양사범학교(平壤師範學校) 80-22

평양송산학원(平壤松山學院) 156-19

평양숭실전문학교(平壤崇實專門學校) 35-0

평양신학교(平壤神學校), 평양신학(平壤神學) 19-14, 17, 20-23, 24, 68-6, 73-25, 80-20, 86-2, 114-22, 120-18, 136-1

평양역(平壤驛) 137-23, 24, 141-20

평양장대현교회(平壤章臺峴教會) 35-2, 85-1

평양장로교신학교(平壤長老教神學校) 118-18

평양형무소(平壤刑務所) 70-21

평일도(平日島) 62-20

평창리(平倉里) 143-21

평택성결교회(平澤聖潔教會) 89-22, 91-25

포도아(葡萄牙) → 포르투갈(Portugal)

포-르샤임 4-12

포르노크라시, 포루노크라시(娼女政治) 86-13

포르투갈(Portugal) 42-0, 80-5

포리가-프 → 폴리캅(Polycarp)

포리네시아제도(諸島) → 폴리네시아(Polynesia) 제도(諸島)

포석정(鮑石亭) 23-22, 82-24

포숙(鮑叔) 134-11, 142-4

포와(布蛙) → 하와이(Hawaii)

포은(圃隱) → 정몽주(鄭夢周)

포천군(抱川郡) 92-23

〈폭군 네로〉 77-16

폴란드(Poland) 124-22, 129-1, 21, 130-19, 21, 22

폴리네시아(Polynesia) 제도(諸島) 91-19

폴리캅(Polycarp), 폴리갚 57-2, 85-17

폼페이(Pompeii) 47-14

퐁궤-스 족(族) 91-19

퐈블- → 파브르(J. H. Fabre)

푀벨(Arno Poebel) 65-16

표암비(瓢岩碑) 23-23

푸라톤 → 플라톤(Platon)

푸란씨쓰코파 → 프란치스코 파

푸랑크(클)린 → 프랭클린(B. Franklin)

푸랜씨쓰, 푸란씨쓰 → 프란체스코(Francesco d' Assisi)

푸레데릭대왕 → 프리드리히(Friedrich) 대왕(大王)

푸레이리 64-5

푸로테스탄트 → 프로테스탄트(Protestant)

풀리아(Puglia) 반도 62-23

풀리트 가, 풀리-트 가 148-16, 17, 149-12, 152-13, 157-23, 158-21

《풍속고(風俗考)》 79-6

풍수설(風水說) 140-9

풍신(豊臣) → 도요토미 히데요시(?臣秀吉)

풍옥상(馮玉祥), 평위샹, 펑(馮) 18-25

퓨리탄 → 청교도(淸敎徒)

프라지야데니포-크 폐하(陛下) 91-22

프란체스카(Franceska) 49-19, 53-16

프란체스코(Francesco d' Assisi), 프란치스코 30-17, 24, 37-6 133-11, 136-18, 143-16, 148-15

프란치스코 파 148-13

프랑스(France) 15-3, 18-20, 16-14, 20-11, 25-2, 31-17, 38-9, 42-0, 52-25, 62-16, 64-4, 70-12, 73-25, 74-21, 24, 78-3, 22, 82-10, 88-17, 120-18, 121-2, 123-20, 129-1, 20, 22, 23, 130-21, 22, 131-4, 134-17, 137-16,

138-20, 22, 24

프랑스대혁명, 프랑스혁명 24-4, 70-6

프랑스인 80-8, 90-10, 146-7

《프랑스혁명사》147-7

프랑코(F. Franco) 123-20

프랜시스 앨리스턴 147-15, 148-12, 13

프랜시스, 프란시스, 후란시스 11-22, 13-18, 21-22

프랭크 부크맨(Frank Buchman), 프랭크뿍만, 푸랭크 133-9, 136-16~18, 137-12, 140-12, 15~17, 141-9, 10, 11~13, 143-15~18,

프랭클린(B. Franklin) 프랭틀린, 푸랑클린, 푸랑크린 10-3~6, 91-20, 86-0, 2

프로테스탄트(Protestant) 20-1~4, 6, 12, 22, 29-24, 42-18, 26, 46-26, 47-26, 48-21, 50-24, 51-12, 54-25, 57-19, 61-6, 83-19, 86-11, 124-12, 136-13

프로테스탄트사(史), 푸로테스탄트사 86-28

《프로테스탄트의 정신》,《푸로테스탄트의 정신》48-26, 49-26, 50-26, 53-23, 56-26, 58-26, 59-26, 60-26, 63-26, 64-26, 65-26, 66-26, 68-26, 69-26, 71-26, 72-26, 74-26, 75-26, 76-26, 77-20, 78-18, 30, 79-23, 28, 81-26, 82-26, 83-26, 84-34, 85-26, 87-23, 26, 88-26, 89-26, 90-25, 91-26, 92-26, 93-26, 94-26, 95-26, 121-26, 122-26, 125-26, 126-26, 128-26, 131-26, 132-26, 133-26, 134-26, 136-26, 137-26, 138-26, 141-26, 142-23, 26, 144-28, 145~150의 26, 152-26, 154~158의 26

프로테스탄티즘 운동, 푸로테스탄티즘 운동 20-1, 20-7~9

프로테스탄티즘(Protestantism), 푸로테스탠틔즘 27-1

프롤레타리아(proletariat) 120-22

프리드리히(Friedrich) 대왕(大王) 68-7

프린스턴(Princeton, 신학교), 프린스톤 12-24

프톨레마이오스(C. Ptolemaeos) 68-9, 90-6

프톨레마이오스(Ptolemaeos) 2세 91-20

프톨레미(Ptolemy, 왕조), 푸톨레미 → 프톨레마이오스(C. Ptolemaeos)

플라이어 91-5

플라톤(Platon), 플라토, 푸라토, 푸라톤, 풀라톤, 프라토 13-21, 49-16, 56-5, 60-12, 68-7, 62-18, 145-7, 9

플로렌스(Florence) 18-4

플로티노스(Plotinos), 푸로틔누쓰 141-10

플리드 스드리드(Fleet Street), 폴리 뜨기(街), 폴리드 스드리드 134-15, 136-
16, 17, 137-12, 13, 140-12, 15, 18

피라미드(Pyramid), 피라밋, 피라밀 23-20, 23, 56-6

피레네 산맥(Les Pyrénées), 피레네 62-15, 95-4

피-몬 사람 6-16

피어선고등성경학원(皮魚善高等聖經學院) 13-11

피어선성경학원(皮魚善聖經學院) 72-17, 18

피커딜리(Piccadilly), 피카딸리 136-18, 139-13

피커링(E. B. Pickering) 95-7

피크위크(Pickwick, 찰스 디킨즈 소설 주인공) 141-10, 143-16

피타고라스(Pythagoras), 피다고라스 9-3, 48-4

피터(Peter) 대제(大帝), 페-타-대제 91-21

피터(Peter), 페-터 53-17

피히테(J. G. Fichte), 피히터, 퓌히테 6-5, 63-12, 91-24, 104-1

핀란드(Finland) 132-22

필라델피아(Philadelphia), 퓔라델퓌야 10-3, 141-11

필리핀(Philippines) 84-20

핏트 91-20

ㅎ

하기(荻) 94-16

하기오그라파(Hagiographa) 84-4

하나조노쇼(花園莊) 136-24

하닝톤 → 해닝턴(J. Hannington)

하동(河東) 54-25

하라 히로다케(原弘毅) 144-21

하르낙[A. (Karl Gustav) von Harnack], 하르나그 16-1

하마다 시게노리(濱田成德) 130-19

하멜(H. Hamel) 80-6

하비에르(F. Xavier) 51-13, 80-5

하야시이(林井) 82-23

하얼빈(哈爾濱) 140-3, 4, 150-4, 25

하와이(Hawaii) 76-2, 21

하외열(河外烈) 77-15, 80-25, 81-22

하우프트, 하옵트 68-9

하위지(河緯地) 75-6

하이네(H. Heine) 21-18

하이쿠(俳句) 142-14

하일레 셸라시에(Haile Selassie), 하일레 세라시어 1세 91-22

학교역(鶴橋驛) 57-23

〈학등(學燈)〉 81-24

학무국(學務局) 79-21, 80-21, 127-1

학생기독교청년회(學生基督敎靑年會) 84-17

《학생에게 주는 글(學生に與ふる書)》 138-24

학성지(鶴城址) 57-19

학슬레이, 학쓸레- → 헉슬리(T. H. Huxley)

한(漢) 79-3

한강(漢江) 57-24, 69-21, 23, 70-3, 4, 8, 73-22, 79-9, 21, 81-22, 86-10, 87-19,
　　　124-0, 125-19, 127-19, 128-22, 23, 131-22, 139-19

한강리(漢江里) 81-19, 98-19

한강철교(漢江鐵橋) 80-24

한구(漢口), 한커우 119-22, 24, 137-12

한글 74-1, 74-7, 80-20, 122-0, 128-0, 132-22, 23

〈한글〉 81-24

한니발(Hannibal) 91-21

한동구(韓東九) 17-24

한라산(漢拏山) 52-9, 62-18

한려수도(閑麗水道) 127-16, 17, 136-25

한림(韓林) 117-25, 138-23

한명회(韓明澮) 75-3

한무리아기(寒武里亞紀) 93-6, 94-9, 10, 11, 18

한무제(漢武帝) 17-20

한미조약(韓美條約) 88-8

한산(漢山) 155-11

한산도(閑山島) 62-20

한성(漢城) 52-16

한성도서주식회사(漢城圖書株式會社), 한성도서(漢城圖書) 48-26, 83-21

한신(韓信) 25-8, 33-19

한양(漢陽) 72-22, 123-24, 128-23

한양성(漢陽城) 61-11, 62-23, 64-0

한양여관(漢陽旅館) 93-26

한영철(韓泳哲) 17-24

한일합병(韓日合倂) 72-23

한정룡(韓丁龍) 31-25

한족(漢族) 72-3, 74-3

한준명(韓俊明) 35-25

한치윤(韓致奫) 79-6

할레이 가 154-19

할례당(割禮黨) 20-23

함경남도(咸鏡南道), 함남(咸南) 57-24, 84-24, 88-25, 95-23, 72-4, 128-24,
    135-24, 149-12

함경도(咸鏡道) 69-4, 72-21, 120-9, 139-2

함경북도(咸鏡北道), 함북(咸北) 37-25, 41-1, 45-26, 89-22, 72-4, 73-24, 76-
    21, 82-25, 128-24, 134-23, 151-25, 152-25

함경선(咸鏡線) 132-23, 150-4, 25

함국용(咸國用) 142-25, 158-25

함무라비 법전(Code of Hammurabi) 65-13, 15

함석창(咸錫彰) 142-25, 143-25

함석헌(咸錫憲), 함선생, 함선생님, 함형, 석헌(錫憲) 1-23, 2-14, 3-21, 4-21, 33,
    5-2, 3, 14, 6-36, 7-15, 8-6, 9, 22, 9-5, 24, 25, 10-21, 11-7, 21, 12-4,
    12, 13-9. 15-2, 16-1, 17-6, 25, 18-1, 9, 25, 20-1, 21-8, 22-7, 23-3,
    12, 25-3, 27-22, 28-1, 29-17, 25, 30-2, 33-25, 34-6, 35-0, 37-10,
    24, 25, 38-26, 39-25, 26, 48-26, 49-26, 50-26, 56-26, 58-13, 26,
    61-3, 7~9, 25, 62-9, 25, 63-13, 26, 64-3, 64-8~10, 26, 65-3, 10, 26,
    66-3, 22, 23, 25, 26, 67-3, 68-3, 6, 18, 20, 26, 69-3, 7, 21, 69-22, 26,
    70-26, 71-3, 26, 72-3, 11, 22, 24~26, 73-0, 3, 11~13, 16, 24, 74-3,

24~26, 75-3, 10, 24, 26, 76-3, 22, 26, 77-14, 20, 78-3, 18, 26, 27, 30, 79-3, 19, 28, 80-3, 18, 23, 25, 81-18, 26, 82-5, 24~26, 83-14, 15, 22, 23, 25, 26, 84-18, 22, 84-23, 24, 31, 34, 85-14, 18, 26, 86-2, 3, 11, 16, 26, 87-3, 23, 25, 26, 88-3, 23, 26, 89-3, 24, 26, 90-3, 9, 23, 25, 91-2, 3, 23, 26, 92-0, 3, 24~26, 93-1, 3, 25, 26, 94-9, 16, 19, 22, 26, 95-3, 6, 26, 97-19, 98-19, 99-22, 100-22, 101-3, 24, 102-3, 103-25, 104-3, 20, 21, 105-5, 106-3, 21, 22, 25, 107-9, 109-21, 25, 110-24, 25, 111-21, 24, 25, 112-18, 25, 113-11, 24, 114-13, 23, 116-9, 23, 117-18, 118-0, 20, 21, 23, 119-15, 19, 21, 120-5, 19, 121-7, 13, 17, 19, 25, 122-9, 18, 19, 23, 123-3, 26, 124-2, 3, 20, 125-7, 26, 126-3, 20, 21, 25, 26, 127-3, 19, 26, 128-3, 19, 23, 26, 129-3, 24, 25, 130-0, 3, 8, 26, 131-3, 21~23, 26, 132-2, 7, 19, 23, 26, 133-16, 20, 25, 26, 134-3, 7, 8, 25, 135-6, 19, 20, 24, 136-0, 19, 21, 24, 26, 137-19, 22~24, 26, 138-9, 18, 20, 26, 139-9, 21, 26, 141-19, 20, 24, 26, 142-19, 20, 22, 24~26, 143-1, 23~25, 144-19, 20, 22~24, 28, 145-10, 17~19, 22, 10, 24, 26, 146-11, 26, 148-25, 26, 149-26, 150-7, 10, 18, 19, 26, 152-1, 25, 26, 153-26, 154-17, 26, 155-26, 156-26, 157-26, 158-25, 26

함주군농회(咸州郡農會) 92-24

함형택(咸亨澤) 142-25

함흥(咸興) 31-25, 35-0, 43-25, 69-22, 73-25, 74-5, 76-22, 80-24, 92-24, 129-26, 132-23, 137-26, 138-23, 24, 140-24, 141-20, 23

함흥농업학교(咸興農業學校) 138-23

핫딜스톤(J. H. Huddilston) 146-23~25

항서교회(港西敎會) 88-10

《항적전(項籍傳)》 78-6

해군군축회의(海軍軍縮會議) 84-1, 24

해남군(海南郡) 57-23

해남도(海南島, 중국) 122-23

해닝턴(J. Hannington) 5-21

해동공자(海東孔子) 71-8

해동여관(海東旅館) 129-9

《해동역사(海東繹史)》 79-6

해드필드 139-11

해들리 우드 157-23

해롤드 빽삐 140-15, 141-9, 10

해리스(C. M. Harris) 136-9, 12

해방운동(解放運動) 86-23

해양시대(海洋時代) 93-6

해운대(海雲臺) 127-17

해인사(海印寺) 73-8

해주(海州) 85-3, 5, 6

해주고등보통학교(海州高等普通學校), 해주고보(海州高普) 80-22

해주구세요양원(海州救世療養院), 해주요양원(海州療養院) 65-24, 83-22, 90-23, 24, 93-20

해주지방법원(海州地方法院) 70-21

햄릿(Hamlet), 함렡, 햄렡 123-4, 150-9

《햄릿(Hamlet)》,《햄렛》150-9

행동주의(行動主義) 45-14

《행복론(幸福論)》34-8

행복탈환운동(幸福奪還運動) 16-13

행주 덕양산(幸州 德陽山) 100-20, 105-22

행주(杏州) 57-17 *'幸州'의 오자.

행촌동(杏村洞) 95-21

행화정(杏花亭) 25-25

향락주의(享樂主義) 45-15

향산(香山) 21-24

허 ㄴ 50-3 *시인

허버트 그레이 박사 158-21

헉슬리(T. H. Huxley), 학스리 4-3, 91-21, 121-12

헌종(憲宗, 조선) 80-8

헌팅턴(E. Huntington), 헌팅톤 65-4

헤겔(G. W. F. Hegel), 헤-겔 92-4

헤닝(Henning), 헨닝 5-10

헤라클레스(Heracles), 허큐리스 40-11

헤로도토스(Herodotos), 헤로도타스 62-6

헤브라이즘(Hebraism), 헤브라이슴 11-24, 52-2

헤시오도스(Hesiodos) 48-4

《헤이스팅 성서사전(聖書辭典)》 95-7

헤인(P. Hayne) 68-7

헨리(W. E. Henry) 121-12

헬라(Hela, Helas), 헬나 → 그리스(Greece)

헬레나 고도(孤島) → 세인트헬레나(Saint Helena) 섬

헬레니즘(Hellenism), 헤레늬슴 11-14~16, 52-2, 53-18

헬레니즘운동 11-15

헬레스폰트(Hellespont) 해협, 헤레스폰드해협 50-13, 14

헬렌 켈러(Helen A. Keller) 102-23, 103-1, 2, 24, 25, 104-17, 106-22

《헬렌 켈러전(ヘレンケラ一傳)》 121-18

헬름홀츠(H. von Helmholtz), 헤름홀츠 91-5

헬이스 계곡 49-15

혁거세(赫居世) → 박혁거세(朴赫居世)

현병찬(玄炳讚) 35-25

현저동(峴底洞) 95-21

현저정(峴底町) 132-22

현종(顯宗, 고려) 72-7

현종(顯宗, 조선) 79-5

현충사(顯忠祠) 82-25

현해탄(玄海灘) 20-24, 70-4

협성신학교(協成神學校), 협성신학(協成神學) 90-21, 91-23, 125-25, 132-24,
            133-22, 134-26, 135-24, 26, 136-23, 151-26

협성실업학교(協成實業學校) 128-22

형식주의자(形式主義者) 89-0

형이상학(形而上學) 53-16

형제단(兄弟團) 126-16

형제봉(兄弟峰) 120-25

혜풍(惠風) → 유득공(柳得恭)

혜화공보(惠化公普) 90-23, 93-21

호남(湖南) 82-21, 84-21, 122-17, 21, 124-19, 127-17, 128-23, 129-24, 135-22,
            23, 136-23, 137-22, 24, 141-19, 142-19, 24

호넨(法然, 일본 승려) 148-7

호라티우스(Q. Horatius), 호라슈스, 호레이스 40-11, 141-13

호란(胡亂) → 병자호란(丙子胡亂)

호로스 산(山) 85-0 *비유적으로 나타낸 것.

호머, 호-머, 호-머-, 호-마, 호-마- → 호메로스(Homeros)

호메로스(Homeros) 4-8, 11-12, 26-23, 50-14, 52-3, 53-14, 19, 62-17, 149-1, 150-6

호수돈고등여학교(好壽敦高等女學校), 호수돈여고(好壽敦女高) 88-23, 131-0

호시가우라(星浦) 94-16

호시우스(Hosius) 46-17, 46-20

호아시(帆足, 밀턴 번역자) 53-15

호암(湖岩) → 문일평(文一平)

호이트맨 → 휘트먼(W. Whitman)

호조회(互助會) 93-22

호주(濠州) → 오스트레일리아(Australia)

호즈미 노부시게(穗積陳重) 66-16, 19, 70-12, 14, 70-12

호태왕(好太王) → 광개토대왕(廣開土大王)

호텐토트 족(Hottentot), 홋텐톳트족 91-19

호튼(N. C. B. Horton) 95-7

호프만(Hoffmann), 호푸만 95-14

혹슈트라텐(J. von Hochstraten), 혹스트라텐 27-1

혼고 구(本鄕區) 83-23

혼고(本鄕) 136-22

혼마 쥰페이(本間俊平), 혼마 슌페이 43-15, 45-3, 45-14, 94-1, 23, 146-18

혼죠 구(本所區) → 스미다 구(墨田區)

홀니요-크 산정(山頂) 5-35

홀리네스 교회(ホ-リネス敎會) 19-17

홀톤 → 호튼(N. C. B. Horton)

홋카이도(北海道) 136-9, 20-23, 90-23

홋카이도 농학교(北海道農學校) 18-16

홍군(紅軍) 76-25

홍두적(紅頭賊) 73-3

홍성대(洪成大) 150-19

홍익한(洪翼漢) 79-4

홍재기(洪在箕) 100-5

홍적세(洪績世) 93-6

홍제외리(弘濟外里) 73-25, 107-25, 120-20

홍제원(弘濟院) 72-22, 79-22

홍제천(弘濟川) 95-23

홍태윤(洪泰潤) 70-21

화계사(華溪寺) 89-21, 142-24

화동(花洞) 62-26

화라디 → 패러데이(M. Faraday)

화란(和蘭) → 네덜란드(Netherland)

화랑도(花郞徒) 70-9

화산도국(火山島國, 일본) 16-10

화성(華城) 85-12

화성돈(華盛頓, 華盛敦) → 워싱턴(Washington D. C.)

화신상회(和信商會) 74-22, 23, 92-21, 93-25, 124-20, 26, 125-26, 126-26

화엄경(華嚴經) 21-14, 21-17, 147-8, 154-7

화원면(花源面) 57-23

화원정(花園町) 85-25

화월식당(花月食堂) 86-25

화인(和人) → 일본인(日本人)

화일만 94-7

화전(樺甸) 79-23

화홍문(華虹門) 88-22, 123-20

환영설(幻影說) 28-22

활인동 제염소(活人洞製鹽所) 17-24

활인동(活人洞) 17-25, 23-25, 24-24, 25-24, 26-25, 27-26, 28-25, 29-25, 30-
        25, 30-25, 31-25, 32-25, 33-25, 34-25, 35-0, 35-25, 36-25, 37-26,
        38-26, 39-25, 40-25, 40-26, 41-25, 41-26, 42-25, 42-26, 43-16, 44-
        26, 45-26, 46-26, 47-26, 70-22, 75-19, 76-11, 78-22, 88-25, 90-22

활인동교회(活人洞敎會) 68-21

활인동장로교회(活人洞長老敎會) 50-25, 52-26, 76-23

황간(黃澗) 18-12

황국신민서사(皇國臣民序詞), 황국신민의 서사(皇國臣民の序詞) 11-22, 120-0,

142

후란체스카 → 프란체스카(Franceska)

후생성(厚生省) 136-24

〈후세에의 최대 유물(後世への最大遺物)〉 18-21, 108-23, 155-10

후스(J. Hus), 후쓰, 훗스 20-3, 86-15, 16

후우(后于, 고국천왕비 우씨) 67-6

후지모토 마사타카(藤本正高) 102-12

후지모토 하루요시(藤本治義) 77-18

후지사와 오토키치(藤澤音吉) 81-19, 84-19

후지산(富士山) 62-16, 121-22, 136-11

후지이(藤井) 53-15 * 밀턴 번역자

후지이 다케시(藤井武), 후지이(藤井) 19-14, 20-21, 22, 22-24, 34-8, 65-25,
        84-19, 98-18, 103-0, 107-20, 120-25, 121-22, 124-12, 135-25, 142-
        20

〈후지이 다케시 씨와 나(藤井武氏と私)〉 107-20

후카가와 구(深川區) 68-2

후쿠다 스미오(福田澄男) 121-22, 23

후쿠다 토쿠죠(福田德三) 67-12, 13

《후한서(後漢書)》 7-9

《훈도해(訓圖解)》 79-6

훈민정음(訓民正音) 74-6, 7, 75-4

훈요십조(訓要十條) 71-6

훈춘(琿春) 76-21

훌노-렌스 → 플로렌스(Florence)

훔볼트(A. von Humbolt) 5-35, 91-21

훕펠트 시-네 22-12

휄트 수도원 → 에르푸르트(Erfurt) 수도원

휘경리(徽慶里) 94-22

휘문고보(徽文高普), 휘문(徽文) 84-20, 22, 89-24, 119-22

휘트먼(W. Whitman), 횟트맨 45-7, 64-6

휠-드 91-21

횟필드(G. Whitefield) 51-13

휠픠-르드 → 횟필드(G. Whitefield)

휴 레드우드(Hugh Redwood) 138-15, 139-18

휴-월폴 133-13, 134-15

휴-지 족(族) 91-19 *남아프리카

흑룡강(黑龍江) 66-7, 69-4, 12, 74-8, 78-8, 80-7

흠벽정(欽碧亭) 88-23

흥경(興京) 79-23

《흥국사담(興國史談)》 19-18, 104-6

흥남(興南) 45-26, 62-19, 88-25, 128-24, 145-25

흥남역(興南驛) 128-24

흥선대원군(興宣大院君) 80-8, 10

흥안령(興安嶺) 74-3

희랍(希臘), 히랍 → 그리스(Greece)

희랍군(希臘軍) → 그리스군

희랍문화(希臘文化) → 그리스 문화

희랍민족(希臘民族) → 그리스 민족

희랍사상(希臘思想) → 그리스 사상

희랍어(希臘語), 희어(希語) → 그리스어

희랍인(希臘人) → 그리스인

희랍정교(希臘正敎), 희랍정교회(希臘正敎會) → 그리스 정교

희랍주의(希臘主義) → 헬레니즘

희랍주의운동(希臘主義運動) → 헬레니즘운동

희랍철학(希臘哲學) → 그리스철학

희마라(喜馬拉) → 히말라야(Himalayas)

희백래(希伯來) → 히브리(Hebrew)

희백래주의(希伯來主義) → 헤브라이즘(Hebraism)

히두보 → 히포(Hippo)

히라누마(平沼) 내각(內閣) 129-21

히라야마(平山溫) 120-18

히로시(洋) 121-22

히로시마(廣島) 131-22

히말라야(Himalayas), 히마라야 5-34, 17-16, 50-14, 62-16, 24, 72-2, 11, 88-
     6, 95-4, 123-12, 146-13

히브리 민족 19-11

히브리 사람 19-8

히브리 시인 17-23

히브리(Hebrew) 22-14

히브리어(語) 84-3, 18, 108-20, 109-22, 120-18, 122-0

히비노 유타카(日比野寬) 82-21

히에로니무스(Hieronymus) 4-10, 60-12, 61-14, 62-6, 74-12, 86-15, 16

히찌히 95-14

히틀러(A. Hitler), 힛틀러 58-0, 60-10, 62-5, 72-2, 79-1, 84-32, 84-33, 115-25, 129-20, 130-21, 132-25, 135-20, 136-9, 137-16, 138-19

히틀러유겐트(Hitler-Jugend) 143-20

히포(Hippo) 67-20

힌두교(Hinduism) 80-2

힐러리, 힐라리 4-11 *교부

힐렐(Hillel) 7-24

힐렐(Hillel) 파, 힐넬파 29-6

힐티(C. Hilty) 34-8, 125-2

그 외

얘질 → 베르길리우스(Publius Vergilius Maro)

엑희테 → 피히테(J. G. Fichte)

0-9

2·26 쿠데타 87-22

203고지(二○三高地) 85-21~23

A-Z

《A Dictionary of the Bible》 65-15

《Altorientalische Texte zum alten Testament》 71-15

《Babylonien und Assyrien》 71-14, 15

《Biblical Parallels of Babilonia and Assysia》61-15

《Encyclopedia of Religion and Ethics》71-14

《Genesis(International Critical Commentry)》71-14

《Korea-Land of the Dawn》65-10

《Kulturgeschichite Israels》66-19, 70-14

ML당(黨) 33-25

ML당(黨) 사건 20-22, 138-23

MRA 운동 140-20

N. C. B 95-7

《Old Age》67-16, 71-14, 71-15

《Palaestina und seine Kultur》66-19, 70-13

Q 74-13, 129-13 *누가복음과 마가복음의 원텍스트로 여겨지는 학술용어

《Religious Development between O. T & N. T》61-15

《Talmud》61-15

Y. M. C. A. 145-11

성서조선(聖書朝鮮) 색인
Sungseo Chosun / Index

엮은이 김교신선생기념사업회
펴낸곳 주식회사 홍성사
펴낸이 정애주
국효숙 김기민 김서현 김의연 김준표 김진원 송승호 오민택 오형탁
윤진숙 임승철 임진아 임영주 정성혜 차길환 최선경 허은

2019. 1. 21 초판 1쇄 인쇄   2019. 1. 31 초판 1쇄 발행

등록번호 제1-499호 1977. 8. 1
주소 (04084) 서울시 마포구 양화진4길 3   전화 02) 333-5161   팩스 02) 333-5165
홈페이지 hongsungsa.com   이메일 hsbooks@hsbooks.com   페이스북 facebook.com/hongsungsa
양화진책방 02) 333-5163

ISBN 978-89-365-1343-6 (04230)
ISBN 978-89-365-0555-4 (세트)